독한 시간

독한 시간

세상의 모든 것을 만나다

최보기 지음

모아북스
MOABOOKS

이 책을 먼저 읽고 **공감합니다**

왜 책을 읽어야 하는가? 주인이 되는 삶, 내 의지와 목표로 설계하는 삶을 꾸리기 위해서다. 이 책은 독서를 통해 명쾌한 방향성과 명확한 좌표의 설정이 어떻게 마련되는지를 확인시켜준다.
―김경집 (전)가톨릭대 교수

서점을 헤매며 뭘 읽을까 고민할 필요가 없다. 신문의 신간 안내를 뒤적일 필요도 없다. 읽을 만한 책들, 읽지 않으면 안 될 책들을 친절하게 안내하는 독서가의 지도가 나왔다!
―김신동 한림대 미디어스쿨 교수

이 책은 저자가 직접 고르고 씹어 먹을 듯 읽고, 진중하게 소화시켜 만든 자양분 덩어리들이다. 이 책만으로, 아니 이 책이 소개하는 '겨울'의 책들만으로도 올겨울은 추울 겨를도 없을 듯하다.
―김형민 SBSCNBC PD

학교를 졸업한 뒤 책을 멀리했다면 수천 권의 책 중 무슨 책을 읽어야 할지 알 수 없다. 어느 날 반갑지 않은 '책허기'가 찾아올 때, 그때 이 책이 소개한 어떤 책을 골라 읽더라도 실망하지 않을 것이다.
―문소영 서울신문 논설실장

책을 읽어봤자 인생에 무슨 도움이 되겠느냐고 생각을 하는 사람들에게 이 책을 권한다. 그러나 서재에 책이 쌓여서 걱정인 사람은 이 책을 피해야 한다. 책으로 가득 찬 장바구니가 당신을 기다릴 테니까.
―박균호 북칼럼니스트

좋은 책의 가치를 알아보는 안목, 출판사와 저자가 독자에게 전하고 싶은 메시지를 정확히 짚어내는 날카로움, 쉽고 편하게 읽히는 맛깔스런 글솜씨를 갖춘 '최보기의 책보기'의 '권위'를 솔직하게 인정한다.
―박혜숙 푸른역사 출판사 대표

최보기의 펜은 날카롭되 문장은 한없이 맛깔스럽다. 비록 인생 후배지만 그의 고향, 저 남도의 아름다운 섬 거금도의 갯내음 물씬한 촌티와 서울 변두리의 사람 냄새 가득한 휴머니즘을 절묘하게 비벼내어 가슴을 후벼파는 출중한 필력이 부럽기 그지없다.
―윤승용 남서울대 총장

어느 곳에서도 볼 수 없는 화려한 듯 소박하면서 무거운 듯 경쾌한 추천도서. 세르반테스, 톨스토이 고전부터 최진석과 고병권의 깊이를 지나 김형민의 멋진 역사까지 만끽할 독서의 향연이《독한 시간》에서 펼쳐진다.
―이광수 부산외대 교수

어떤 책을 골라야 할지 갈수록 힘든 세상이다. 이 책은 멀리는 삼국지에서부터 최첨단 인공지능과 빅데이터까지 시공을 초월하며 '읽히는 서평'을 자신의 생각으로 차분히 담아낸다. 이 책 한 권만으로도 책 선택에 주저할 이들에게는 백 권 이상 가치가 충분히 있다.
―최광웅 데이터정치경제연구원장

반듯한 느낌은 아니다. 왠지 굽어보인다. 천천히 읽으면 맛이 다르다. 번들번들한 현학취들의 서평과는 결이 다르다. 굽은 듯 반듯하고 에두르는 듯하다 여지없이 직격한다. 최보기 북칼럼의 특성이다. 그걸 만끽할 기회다. 그야말로《독한 시간》이 될 것이다.
―최준영 '거리의 인문학자'

시선의 높이가 삶의 높이입니다. 누구도 자기가 가진 시선의 높이 이상을 살 수는 없습니다. 높은 시선은 높은 수준의 문명을, 낮은 시선은 낮은 수준의 문명을 결정합니다. 독서는 시선의 높이를 끌어올리는 가장 확실한 지름길입니다.
―최진석 서강대 철학과 명예교수, (전)건명원 원장

들어가는 글

인생사계의 독讀한 시간

"할까 말까 할 때는 해라,
읽을까 말까 할 때 읽어라."

　동양철학자 최진석 교수는 그의 저서 『탁월한 사유의 시선』에서 '생각의 높이'를 강조했다. '사람은 자기의 시선 높이 이상의 삶을 살지 못한다. 시선이 높으면 높은 문명을, 시선이 낮으면 낮은 문명을 살 수밖에 없다'는 것이다.
　일류 레벨의 사유의 시선으로 도달하기 위해선 '창의적인 생각'이 관건이다. 그것은 어떤 문제에 대해 이미 잘 짜인 지식체계가 내놓는 정답이 아니라 호기심에서 출발하는 새로운 질문에서 나온다. 즉, 대답하는 인간에서 질문하는 인간으로 변해야 하는 것이다. 문제는 질문하는 것도 능력이라는 것이다.
　그 능력을 키우는 왕도가 독서다. '사람이 책을 만들고, 책은 사람을 만든다'는 그 말이 바로 그 말 아니겠는가.

읽는 것이 도움이 되는가?

"우리가 읽는 책이 우리 머리를 주먹으로 한 대 쳐서 우리를 잠에서 깨우지 않는다면 도대체 그 책을 왜 읽어야 하는가? 대저 책이란 우리 안에 꽁꽁 얼어붙은 바다를 깨뜨리는 도끼가 아니면 안 되는 거야."

카프카가 한 말이다. 무릇 독서는 고정되고 협소한 사고의 지평을 깨고 넓히기 위해 하라는 것이다.

카프카는 『변신』이라는 소설로 유명한 작가다. 그러나 실상 『변신』을 읽지 않았다 해서 학교 성적 높이고 좋은 직장에 취직하는 데 특별히 불리할 것은 없을 듯하다. 그러니 '책을 읽자'는 말은 누군가에게는 공허한 메아리가 될지도 모른다.

독서가 사고의 지평을 넓히기 위해서라고 하지만 이 또한 취직이나 현실의 과제 앞에 서면 무용지물일 터. 넓은 지평이 좋은 일자리와 경제적 안정을 보장해주지는 않을 것이다.

자, 독서가 과연 좋은 일자리, 보람찬 인생의 도구로 무용지물일까? 흔히들 21세기는 콘텐츠의 시대라고 한다. 콘텐츠는 어떤 형식에 담기는 내용이다. 카메라와 사진, TV와 드라마, 화판과 그림, 극장과 영화, 무대와 공연, 책과 소설, 얼음판과 김연아, 나와 자기소개서 등이 형식과 콘텐츠의 관계다. 같은 형식이라도 창작자가 누구냐에 따라 콘텐츠의 품질이 달라지는 것은 당연하다. 이런 콘텐츠 중의 콘텐츠, 콘텐츠의 어머니는 무엇일까?

글쓰기다. 대부분의 콘텐츠는 '글쓰기'로부터 밑그림이 시작된다. '자기소개서'는 두말이 필요 없다.

21세기는 콘텐츠의 시대다

예로부터 글쓰기의 비결은 '다독, 다작, 다상량'이라 했다. 많이 읽고, 많이 써보고, 많이 생각하는 것'이다. '생각'은 개념이 넓은데 소설가 김훈에게는 그것이 '숨 막히는 허송세월의 관찰'일 때가 많고, 동양철학자 최진석에게는 '탁월한 시선의 사유와 성찰'일 때가 많다. 글쓰기는 생각이라는 냄비에 다독, 다작이라는 양념이 삼위일체가 돼 3박 4일 끓여져서 나오는 엑기스 곰탕이다. 냄비가 없어도 양념이 없어도 곰탕은 완성될 수 없는 것인 바, 지식을 담고 대가의 문장을 익히는 독서가 글쓰기의 바탕이 되는 것은 자명하다.

시카고대학에 그레이트 북 프로그램The Great Book Program이 있었다. '시카고 플랜Chicago Plan'이라고도 한다. 시카고대학을 글로벌 명문으로 만든 것은 바로 저 책에 대한 플랜, 졸업 전에 인문고전 100권 읽기의 효과였다. 굳이 인문고전 100권이 아니더라도 관심분야 책 '100권'을 읽은 사람은 자기소개서, 토론, 면접에서 읽지 않은 사람이 넘보지 못할 콘텐츠를 갖추게 됨을 증명하는 사람들은 멀리 시카고대학이 아니라도 우리 주변에 널려 있다.

'젊은날의 책들' 에서 '인생의 책들' 로

　필자는 '북칼럼니스트' 로 활동하며 책을 읽고 소개하고 쓰는 일을 한다. '서평가' 를 놔두고 굳이 '북 칼럼니스트' 라 했던 이유는 다음과 같다.
　첫째, 저자가 누구든 그가 심혈을 기울인 책에 대해 감히 '평가' 를 한다는 것이 주제 넘는 것이라 생각했기 때문이다.
　둘째, 주관적 독후감이나 단순한 줄거리 요약보다 '읽히는 서평' 을 씀으로써 독서 욕구를 자극하자는 취지였다. 그러기 위해 '쉽고 재미있게 쓰되 가급적 책의 구체적 내용은 많이 언급하지 않는 방향' 으로 쓰고자 노력해왔다.
　그러던 중 발간하게 된 책이 바로 2013년에 출간한『놓치기 아까운 젊은날의 책들』이다. 이 책은 '젊은 날의 독서가 인생을 좌우한다' 는 취지로, 젊은 청춘들이 반드시 읽었으면 하는 책들의 서평들을 직접 엄선해 엮었다.
　5년이 지난 지금, 세상은 또 많은 것들이 믿기 힘들 정도로 변했다. 인공지능이니, 블록체인이니 4차 산업혁명 같은 언어들이 일상화되었고, 남과 북의 정상이 두 손을 맞잡고 평화를 논하는 놀라운 일들이 벌어지고 있다.

책에 대한 책, 그 선택과 안목이 중요한 이유

독서, 책을 읽는다는 것이 말처럼 그리 쉬운 일이 아니다. 직장에 치이고, 가족에 치이고, 생존을 위한 사교에 치인다. 주말이면 낮잠 한 번 늘어지게 자는 것도 쉽지 않은 것이 현실인데 언제 한가하게 책 볼 시간이 있겠는가 말이다.

그렇기에 좋은 책을 엄선해 안내하는『독讀한 시간』을 읽는 것이 평소의 효과적인 독서활동에 도움이 된다. 혹자는 '그냥 좋은 책들을 알아서 찾아 읽으면 되지 남이 읽기를 안내하는 글을 읽는 건 시간낭비 아니냐?' 고 생각할 수도 있다.

그러나 실제의 경험상 이런 독서 길라잡이 책이나 서평집은 여러 모로 실속이 있다.

첫째, 어떤 책이 갖는 메시지를 현역 북칼럼니스트가 핵심적으로 정리했기에 읽는 순간 그 책에 대한 독서 욕구가 높아진다.
둘째, 특정한 책을 어떤 관점과 시각에서 읽으면 좋을지 미리 안내를 받았기에 이해도가 높아진다.
셋째, 이해도가 높기 때문에 독서의 집중력 또한 높아진다.
넷째, 이렇게 책을 읽고 나면 그 책에 대한 독자적인 정리가 쉽게 될 뿐만 아니라 장기기억으로 저장됨으로써 세상 물정을 인식하는 스펙트럼이 확실하게 넓어진다.

인생 사계절, 어떤 책과 함께 할 것인가?

이 책은 『놓치기 아까운 젊은날의 책들』에서 그 스펙트럼을 '백세 인생 전체'로 확장한 필자의 북칼럼 모음집이다. 최근까지 써온 서평들 중 지금을 살아가는 사람들에게 두루 영감과 지식을 제공해줄 책들로만 엄선해 새로이 엮었다. 그래서 제목도 '젊은 날의 책들'에서 '인생의 책들'로 범위가 넓어졌다.

'1. 인생의 봄을 만나다'는 인생 중 봄의 계절에 해당하는 독서다.

어떤 이들에겐 인생을 처음 시작하는 새파란 청춘시절이 봄이 될 수도 있지만, 새로운 일에 도전하는 사람이라면 나이가 몇 살이든 누구라도 인생의 봄날이라 할 것이다. 그러나 시작에는 대가가 따른다. 봄의 땅은 아직 차갑고 단단하다. 그 땅 위에서는 누구라도 실수하고 넘어질 것이다. 특히 지금처럼 하루가 다르게 급변하고 시대의 패러다임이 변동하는 혁신과 변화의 시대에는 옛 시대의 지식으로 아무리 중무장한들 실패할 수 있다. 이에 대비하기 위해서는 지금 세상이 어떻게 변화하고 있는지, 그 변화의 핵심은 무엇인지, 나아가 어떻게 전략을 세워야 할지를 알아야 한다. 모든 출발점에 필요한 '전략'을 세워야 하는 것이다.

'2. 찬란한 여름을 맞이하다'는 뜨거운 여름 같은 독서에 대한 이야기이다.

노력을 넘어 '노오력'을 하는데도 원하는 것이 이뤄지지 않을 때 사람들은 절망한다. 누구나 원하는 것을 얻고 싶어하고 행복에 이르고 싶어하지만 더 이상 20세기처럼 '하면 되는' 세상은 아닐지도 모른다. 그럼에도 불구하고 자신을 바꾸고 세상의 변화를 주도해 원하는 것을 얻고 행복해지는 길이 있다. 이는 우리의 아들들과 딸들, 즉 미래를 책임질 다음 세대의 더 나은 삶을 위해서도 반드시 필요할 것이다.

'3. 가을날의 사색과 함께하다'는 가을처럼 깊이 있는 독서를 말한다.

인공지능과 4차 산업혁명으로 인간의 영역이 예전과는 달라질 것이라고는 하나, 그렇기에 더더욱 인간만의 인문학적 혜안과 사색이 중요시된다. '문사철'이 중요해진 이유다. 고전의 문제적 인물들과 놀라운 메시지들, 학창시절 이후 평소 거들떠보지 않았던 철학, 인문학, 역사에 의외로 많은 해답이 있음을 알게 될 것이다. 깊은 가을 익어가는 벼가 고개를 숙이는 것처럼 바로 이러한 독서를 통한 사유가 인간을 더 인간답게 만들어주고 인간만의 힘을 키워준다.

'4. 겨울의 지혜에 맞서다'는 지식을 넘어 지혜로 향하는 독서이다.

  겨울은 모든 것을 수렴하는 계절이자, 새 봄을 준비하는 계절이다. 이제는 지구상의 인류가 인터넷과 SNS, 영상매체로 소통하는 것처럼 보이지만, 모순적이게도 그럴수록 책읽기와 글쓰기가 개인의 능력을 발휘하게 만들어준다. 읽기를 넘어 글쓰기에 대한 어마어마한 관심이 이를 증명한다. 독서에 대한 책, 글 쓰는 요령에 대한 책들의 홍수 속에서 무엇을 읽고 어떻게 쓸 것인가에 대해 고민하는 것이야말로 다가올 새 봄에 대한 대비가 아닐 수 없다. 그렇게 책과, 그리고 글쓰기와 함께 나이드는 '백세 인생'을 누구나 꿈꿀 수 있고 실천할 수 있다.

  소설 『연금술사』로 유명한 작가 파울로 코엘료는 그의 산문집 『흐르는 강물처럼』에서 '신은 빵 하나가 바닥에 떨어져도 버터 바른 반대쪽이 바닥에 닿도록 하는 것에서조차 그것을 항상 보여주고 계신다'고 했다.

  삶은 뫼비우스 띠다. 시작이 끝이고, 끝이 시작이며, 앞이 뒤고, 뒤가 앞이다. 사랑, 관용, 배려, 감사가 뒤섞여 돌다보면 기적을 일으키는 것이 우리의 삶이라고 한다.

  이 책을 통해 청춘처럼 파릇하고 열정적인 봄, 여름부터, 완숙하고 지혜로운 가을, 겨울에 이르기까지 독서를 통한 지적 충만감과 행복감을 만끽하시기 바란다.

최보기

차례

이 책을 먼저 읽고 공감합니다 ─────────────── 06
들어가는 글 ──────────────────────── 08
　　　인생사계의 독(讀)한 시간

1　인생의 봄을 만나다

세상은 마구 변하고 있는 중
가와이 마사시, 『미래연표』 ──────────────── 22
패트릭 터커, 『네이키드 퓨처』 ──────────────── 22
LG경제연구원, 『빅뱅퓨처』 ───────────────── 26

세상을 바꾼 놀라운 혁신
스티븐 존슨, 『우리는 어떻게 여기까지 왔을까』 ─────── 32
미타니 고지, 『세상을 바꾼 비즈니스 모델 70』 ──────── 37
이경희, 『CEO의 탄생』 ────────────────── 40

급변하는 패러다임 속 인간이 설 자리는 어디인가
김재인, 『인공지능의 시대, 인간을 다시 묻다』 ──────── 45
최진석, 『경계에 흐르다』, 『탁월한 사유의 시선』 ─────── 48

모든 '출발점'에서 필요한 것, 전략

김윤규, 『청년장사꾼』 ——————————————— 53

김재한, 『세상을 바꾼 전략 36계』 ——————————— 56

우종필, 『빅데이터 분석대로 미래는 이루어진다』 ———— 56

박인호, 『전원생활 촌테크』 ———————————————— 60

2 찬란한 여름을 맞이하다

노력이 그대를 배신할지라도

안데르스 에릭슨・로버트 풀, 『1만 시간의 재발견』 ———— 66

스티븐 코비, 『성공하는 사람들의 7가지 습관』 —————— 66

웨이슈잉, 『하버드 새벽 4시 반』 ———————————— 71

진정 당신이 원하는 삶을 찾아서

이기훈, 『장사는 과학이다 - 백년가게 만들기』 —————— 76

후지하라 가즈히로, 『먹고 사는 데 걱정 없는 1% 평생 일할 수 있는 나를 찾아서』 ——————————————————— 79

라르스 다니엘손, 『스웨덴은 어떻게 원하는 삶을 사는가』 ——— 83

'입심'과 '글심'으로 내는 한 판 승부

김웅, 『검사내전』 ————————————————————— 86

다카하시 겐타로, 『지지 않는 대화』 ——————————— 90

어떻게 행복에 이를 것인가?
스티븐 존슨, 『원더랜드』 ─────────── 94
에마 세팔라, 『해피니스 트랙』 ─────────── 96

용광로처럼 뜨거운 화두, 딸들의 미래
김경집, 『엄마 인문학』 ─────────── 100
김빛내리 외, 『과학 하는 여자들』 ─────────── 102
김형민, 『딸에게 들려주는 역사 이야기』 ─────────── 106

우리의 아이들이 어떤 삶을 살게 할 것인가
진경혜, 『엄마표 읽기 쓰기』 ─────────── 111
이의용 · 김경집 · 강신주 외, 『청소년을 위한 진로인문학』 ─── 113

3 가을날의 사색과 함께하다

인간의 삶과 죽음, 문학작품 속 문제적 인물들
세르반테스, 『돈키호테』 ─────────── 118
톨스토이, 『이반 일리치의 죽음』 ─────────── 124
니코스 카잔차키스, 『그리스인 조르바』 ─────────── 127
나관중, 『삼국지』 ─────────── 132

'박식함'을 넘어 '일깨움'으로
고병권, 『철학자와 하녀』 ─────────── 137
도마스 아키나리, 『철학 비타민』 ─────────── 137

몰랐던 우리 역사 제대로 읽기

김형민, 『한국사를 지켜라』 —————————— 142

김경훈, 『뜻밖의 한국사』 —————————— 145

이순신, 『난중일기』 —————————————— 148

이종수, 『류성룡, 7년의 전쟁』 ———————— 153

김시덕, 『동아시아, 해양과 대륙이 맞서다』 — 156

천천히 배우고 유유자적 비우고

장주식, 『논어 인문학』 —————————————— 159

신창호, 『일생에 한 번은 논어를 써라』 ———— 160

양승권, 『장자, 너는 자연 그대로 아름답다』 — 163

채한수, 『천천히 걸으며 제자백가를 만나다』 — 166

장자화, 『장자화의 사기』 ———————————— 168

때로는 눈을 돌려 계절과 강산을 음미하라

박정배, 『음식강산』 —————————————— 172

강혜순, 『꽃의 제국』 —————————————— 174

4 겨울의 지혜에 맞서다

읽고 또 쓰니 즐겁지 아니한가

박균호, 『독서만담』 —————————————— 182

윤승용, 『리더의 서재에서』 —————————— 185

노충덕, 『독서로 말하라』 ──────── 188
강원국, 『강원국의 글쓰기』 ──────── 188
가오평, 『이야기 자본의 힘』 ──────── 192
강진·백승권, 『손바닥 자서전 특강』 ──────── 196
김훈, 『자전거 여행』 ──────── 200

책과 함께 나이 들고 책과 함께 꿈꾸다

이재무, 『집착으로부터의 도피』 ──────── 205
조용헌, 『휴휴명당』 ──────── 208
정현진, 『1장 1단』 ──────── 211
김명인, 『부끄러움의 깊이』 ──────── 216
변광호, 『E형 인간 성격의 재발견』 ──────── 219

발상의 전환, 새 시대의 새로운 독서

김광태, 『달콤한 제안』 ──────── 223
장석주, 『은유의 힘』 ──────── 226
김승섭, 『아픔이 길이 되려면』 ──────── 230
히가시노 게이고, 『나미야 잡화점의 기적』 ──────── 234
베르나르 베르베르, 『상상력 사전』 ──────── 238

맺음 말 ──────── 241
독한 시간은 당신의 몫

1.

인생의
봄을
만나다

세상은
마구 변하고

──────── 있는 중

가와이 마사시, 『미래연표』
패트릭 터커, 『네이키드 퓨처』

'변하나, 변하나?' 하고 있을 때 세상은 이미 저만치 변해있다. '변한다, 변한다' 하면 어떻게 변하는지 빨리 알아보는 사람이 승자다. 『미래연표』와 『네이키드 퓨처』는 인생의 봄날에 무한경쟁의 전쟁터로 뛰어들기 시작한 모든 청춘들, 그리고 변화하는 세상 속에 현기증을 느끼는 모든 이들에게 질문을 던지는 책이다.

●

대개 100년 앞을 내다보는 사람은 '화형'을 당했다. 50년 앞을 내다보면 미쳤다는 소리를 들었다. 10~20년 정도 앞을 내다보는 것이 현실적이다. 그런데 사람들은 10년이란 시간도 막연히 길게 생각한다. '아직은 오지 않을 먼 미래'로 관심을 두지 않는 것이다.

그러나 지금 세상은 10년이 아니라 1년 만에 빠르게 변화하고 있는 중이다. 세상 사람은 '변화를 주도하는 사람', '변화에 재빨리 편승하는 사람', '도대체 무슨 일이 벌어지고 있는지 모르는 사람' 이렇게 셋으로 나뉜다. 당신은 그 중에서 어디에 속하는가?

'변화를 주도하는 사람'은 선구자라 '하이 리스크 하이 리턴 High Risk High Return', 즉 크게 성공하거나 크게 실패할 가능성이 크다. 반면 '도대체 무슨 일이 벌어지고 있는지 모르는 사람'은 성공 가능성 역시 희박하다. '변화에 재빨리 편승하는' 두 번째 사람은 첫 번째에 비해 상대적으로 안정적일 수 있다.

●
『미래연표』는 변화를 알아야 미래를 현명하게 대비할 수 있음을 보여주는 책이다. 이 책이 다루는 일본 인구 변화의 경고들은 언론 기사에서도 심심찮게 다루기에 이미 우리에게 익숙하다.

지금부터 약 30년 후까지 일본에서 변화될 일들이지만 우리 역시 인구문제에 관한 한 일본의 뒤를 '매우 유사하게' 따르므로 참고에 무리가 없다. 앞서 가는 일본의 변화를 읽으면 사업과 삶에서 미래를 위한 현명한 대비책을 세우는 데 부족함이 없을 것이란 뜻이다.

가장 먼저 눈에 띄는 구절은 '(일본) 지방자치단체의 절반이 소멸할 것이다. 지역에 따라 빈집이 넘쳐날 것'이란 예측이다. 대도시의 비싼 집값 때문에 고생하는 우리나라의 현실이 곧바로 떠오른다.

일본의 인구는 감소하지만 세계 인구는 지속적으로 늘어 100억 명에 육박하게 된다. 반면 경작을 포기하는 농지는 늘어난다. 2050년이면 '식량 쟁탈전'이 일어날 것이란 예측과 '농업에의 투자' 역시 이와 맞물린다. 단, 이 경우 가까운 미래에 기술의 발전으로 시골의 논밭이 아니라 대형 빌딩에서 농사를 짓게 될 것이라는 또 다른 예측도 함께 참고하면 더 많은 발상의 전환이 가능해진다.

2035년의 '미혼 대국' 역시 그렇다. 이미 국내의 편의점을 중심으로 '싱글족' 맞춤형 상품들이 인기를 끌고 있지 않은가. 앞으로 갈수록 인구는 감소하는데 세대 수는 늘어난다. 주택이나 상품, 서비스에 대한 고민을 잘 하면 개인적으로는 여기서 '먹거리'를 찾을 수도 있는 것이다. 더불어 '2030년이면 (일본의) 지방에서 백화점, 은행, 요양시설이 사라진다'고 한다. 여기에 더해 우리나라 역시 지방에 따라 큰 병원도 없어질 것이라는 언론 기사를 읽은 적이 있다.

유통을 포함해 저 분야에 종사하고 있는 사람이라면 누구보다 먼저 지금의 변화를 읽어내야 하지 않겠는가?

●

작심삼일作心三日은 연말 연초 3일 간 주로 쓰이는 말이다. 이때마다 이런저런 결의를 다져보지만 3일을 넘기기 어렵다는 뜻.

진짜 작심을 할 거라면 지금까지 세상이 어떻게 변해왔고, 앞으로는 어떻게 변할지, 그 와중에서 무엇을 해야 할지 먼저 알아보는 것도 중요하겠다.

●

4차 산업혁명이 도래한 지금, 세상의 변화는 동떨어진 세상에 사는 사람들만의 이야기는 아니다. 4차 산업혁명은 보통 사람들의 일상생활도 완전히 바꿔놓고 있다. 『네이키드 퓨처』는 우리 생활과 밀접한 도처의 분야에서 구체적으로 어떤 변화들이 지금 실제로 일어나고 있는지 샅샅이 훑어나가는 책이다.

이 책에서 다루는 '사물인터넷Internet of Things' 이란 우리가 활용하는 모든 사물들에 인터넷이 결합됨으로써 그것들이 훨씬 똑똑해지는 것을 말한다. 도시의 빌딩과 거리 전체가 컴퓨터로 무장되는 '유비쿼터스' 보다 진화된 단계라고 이해하면 쉬울 것이다.

사물인터넷은 사람들의 현재에 무지막지한 편의를 제공하는 것은 물론 미래 행동을 예측까지 한다는 놀라운 현실을 부른다는 것인데, 사물인터넷의 기반은 당연히 이보다 앞서 이슈화됐던 '빅데이터' 다.

●

작금의 세계는 정신을 차리기 어렵게 변화무쌍하다. '가상화폐' 와 '블록체인' 이 대세라지만 그게 무엇인지, 앞날이 어떨지 이해하기가 쉽지 않다. 직접 당하는 변화도 감을 못 잡겠는데 늦어도 10년 후, 30년 후 닥칠 거라는 싱글족 사회, 고령화 사회, 인구절벽 사회, 지방 소멸 사회가 초래할 라이프 스타일의 변화까지 대비할 여유가 없다. 당장 현재 우리에게 닥친 혁명의 추세도 따라잡기 바쁘니 말이다.

'위기는 기회' 라고 흔히들 말한다. 이 말을 증명하는 사례는 넘치고 넘친다. 현기증이 날 정도로 빠르게 변화하는 지금의 세상은 '기회의 노다지' 인지도 모른다.

LG경제연구원, 「빅뱅퓨처」

2018년은 '암호화폐가상화폐' 와 '블록체인' 이란 '용어' 로 시끄러운 한 해였다. 단어도 개념도 인터넷과는 비교도 안 되게 어렵다. 블록체인Block Chain은 '기술이자 철학' 인데 암호화폐는 블록체인으로 구현하는 여러 기술 중 하나에 불과하다고 한다. 암호화폐의 미래는 어찌될 지 모르겠지만 '블록체인 기술은 인터넷이나 스마트폰 이상으로 우리를 덮칠 것이 분명하다'는 것이다. 인터넷 초기 설마 저리 커질 줄 몰랐던 포털 왕국 네이버Naver나 구글Google처럼.

●

대학 졸업 후 필자의 첫 직장은 1990년 입사했던 제철 회사였다. 이 회사의 서울 공장 관리부에 배치됐는데 사무실에는 286컴퓨터가 한 대 있었다. 처음으로 PC퍼스널 컴퓨터라는 괴물의 실체를 대하는 순간이었다.

40여 명이 근무했던 사무실에는 상고를 졸업한 여직원들이 주로 PC 업무를 담당했다. 신입은 물론 대리나 과장들은 품의서나 기획서를 볼펜으로 작성했기에 PC를 쓸 일이 그다지 없었다. PC가 꼭 필요할 경우에는 여직원에게 부탁하거나 과거 방식대로 수기手記에 의존했다.

2년 후, 1조 원 매출의 건설회사로 이직했다. 팀은 모두 5명이었는데 역시 여직원 책상에만 PC가 있었다. 갑자기 회사에 사정이 생겼다. 이번에는 당시 정보통신IT 분야의 선두그룹에 있던 S정보통신 홍보실에 입사했다. 사업전략을 주로 담당하는 부서였는데 사무실 한 켠의 PC실에 설치된 10대 정도의 PC를 부서원들이 공유하고 있었다. 그게 1993년이었다.

직전의 건설회사에서는 PC가 필요할 경우 경리 담당 여직원에게 부탁을 했기 때문에 일명 '독수리 타법'에 컴퓨터의 '컴'

자도 모르는 상태였다. 그러나 정보통신회사는 상황이 달랐다. 모든 직원의 책상 위에 PC가 놓여 있었다. 이미 어린 자녀를 거느린 가장으로서 긴장하지 않을 수 없었다. 자판 치기 기본을 동료 직원에게 설명 듣고서 눈을 감고 연습을 했다. 궁하면 통한다고, 생존의 문제다 싶으니 모니터만 보면서 타이핑이 금방 가능하게 되었다. 회사에서 많이 쓰는 워드, 엑셀 같은 프로그램은 좌충우돌 눈치껏 배워나갔다.

●

1년 후인 1994년 12월, 기획팀의 '1995 사업 계획서'에 '인터넷'이란 용어가 처음 등장했다. 아마 그 즈음 모든 직원들의 책상에 PC가 놓였던 것으로 기억된다. 바로 얼마 후 '넷스케이프', '익스플로러' 같은 신생 용어와 함께 접하게 된 인터넷은 신통했다. '천리안'이나 '나우누리' 같은 PC통신이 대세이던 무렵이었다.

그러더니 곧 이메일E-mail이 도입됐고, 팝업 메신저라는 환상의 채팅창이 모니터에 떴다. 이메일과 채팅용 팝업은 마법이었다. 팩스로 한 시간씩 보내거나 직접 배달을 나갔던 언론사용 '보도자료'가 이메일 한 방으로 해결됐다. 물론 IT 전문기자임에도 여전히 팩스로 보도자료를 보내 달라던 이도 있었다. 그는 얼마 안 돼 신문사를 떠났다.

정보통신회사였기에 대부분 임직원이 일반 회사에 앞서 이메일을 개설했다. 젊은 직원들의 아이디는 jjangdol짱돌, doles 돌쇠, conpro콘프로 등으로 발랄했지만 과장급 이상 '꼰대' 들은 자신의 영문 이름 이니셜이 대부분이라 그런 트렌드가 '이메일 아이디도 세대 차이' 란 제목으로 톱기사가 되기도 했다.

　젊은 모험가들이 '골드뱅크, 네띠앙, 싸이월드, 아이러브스쿨, 한메일, 네이버, 다음' 같은 IT벤처기업 창업에 나섰을 때 장년 세대들은 긴가민가했지만, 상황은 급변했다. 네이버, 다음 등 포털사이트의 등장을 필두로 사회 전반에 인터넷이라는 폭풍이 거세게 몰아쳤던 것이다.

●

　과학철학자 토마스 쿤이 명저 『과학혁명의 구조』에서 제시했던 패러다임 시프트Paradigm Shift 그대로였다. 지표면 아래서 부글부글 끓던 용암이 임계점을 넘자 일시에 솟구쳐 지표를 덮는 것처럼 그렇게 인터넷은 수직으로 상승했다.

　벤처 투자 광풍이 함께 불었다. 회사 이름에 '컴, 통, 텔' 중 한 글자만 들어가면 투자가 몰려들었다. 코스닥 시장이 열렸고 벤처 갑부들 뉴스가 지면을 도배했다. 모든 이치가 그러하듯 몇 년 후 벤처 광풍은 무너지기 시작했다. 이번엔 벤처 쪽박 기사가 줄을 이었다.

●

그때 이후 20년 넘는 동안 우리는 '인터넷'을 기반으로 쉼 없이 달려왔다. 현재 각광 받는 스마트폰도 수면에 뜬 오리의 머리일 뿐, 물 밑에서 열심히 물갈퀴를 젓는 오리발은 역시나 인터넷이다.

전문가들은 인터넷 다음의 무언가가 분명히 있다고 한다. 그것이 로봇일지 또 다른 무엇일지는 필자가 모른다. 다만, 바닥에 깔린 인터넷을 딛고서 AI인공지능, 3D프린터, 빅데이터, 증강현실 등의 신기술이 부르는 제4차 산업혁명은 이미 터졌다. 중요한 것은 이 혁명이 초래할 변화가 패러다임 시프트 정도가 아니라 태초 우주를 생성했던 '빅뱅'의 파괴력을 가졌다는 것이다.

빅뱅! 때마침 LG경제연구원이 펴낸 『빅뱅퓨처』는 2030년을 어떻게 바라보고 대비해야 할지 해법을 제시하는 근접 미래보고서다.

●

역사 이래 인류와 함께 했던 마차가 불과 13년 만에 연기처럼 사라져버린 것이다. 이 책의 프롤로그를 보면 이 책이 무엇을 담고 있는지 더 말할 필요조차 없다.

지난 세기를 주물렀던 석탄, 석유 등 화석 에너지원이 태양광, 풍력 등 신재생 에너지원으로 대체된다. 소비자가 자체적으로 에너지를 생산하게 되면 '한국전력'의 몰락은 시간문제다.

●

물론 그림자는 필시 빛을 전제로 생긴다. 빅뱅에는 상전벽해의 희망이 함께 존재한다. 1900년 이후에도 여전히 마차를 몰던 마차부는 13년 후 실직했을 것이나 자동차 시대에 발 빠르게 대비했던 사람은 반전의 기회를 찾았을 것이다. 주유소도 면허증도 필요 없는 자율주행 전기자동차로 인해 지금 '운전 밥'을 먹고 있는 수많은 사람들이 또다시 '마차부의 선택' 앞에 놓여 있다. 하물며 빅뱅의 선두에서 길을 헤치는 전문가라면 애써 이런 말을 할 필요가 굳이 있겠는가.

세상을
바꾼

_____ 놀라운 혁신

스티븐 존슨, 『우리는 어떻게 여기까지 왔을까』

 19세기 조선에 근대 문물이 들어오면서 공장에서 생산된 가정용 유리도 들어왔다. 어쩌다 깨진 유리의 조각은 창호지 바른 안방 문고리 주위의 조그만 장식품으로 재활용됐다. 그런데 이게 단순한 장식으로 끝나지 않았다. 누군가가 불시에 찾아와 마당에서 '흠, 흠' 헛기침 소리를 내면 유리가 있기 전에는 방문을 열어봐야 누군지 알 수가 있었다. 그러니 만나기 싫은 사람이라 할지라도 어쩔 수 없이 만나야 했다.
 그러나 유리가 붙은 뒤로 사정이 달라졌다. 유리를 통해 누군지 미리 알아보고 방문을 열지, 없는 척 숨을지 미리 판단할 수 있게 됐다. 뜻하지 않게 소통 문화에 변화가 생긴 것이다.

● 논픽션 『우리는 어떻게 여기까지 왔을까』라는 책에서 말하

는 '여기' 는 비약적으로 발전한 오늘날의 인류 문명을 말한다. 이 책은 현재의 발전이 있기까지 킹핀의 위치에 있는 6가지 테마를 중심으로 인류발전사를 다루었다.

6가지란 '유리, 냉기COLD, 소리, 청결, 시간, 빛' 을 말한다. 저자는 왜 이 6가지를 인류 문명의 혁신이라 보았을까?

●
〈유리〉는 참으로 위대했다. '유리' 라는 물질이 인류 문명에 끼친 영향은 매우 막중하다.

이산화규소가 섭씨 500도의 열기에 녹아 자연적으로 형성된 사막의 유리는 보석류의 장식품 개념으로 채취됐었다. 현대적 개념의 유리가 대량으로 생산되기 시작한 것은 서기 1000년이 넘어 이탈리아 베네치아에 붙잡혀 온 터키의 유리기술자들이 무라노 섬으로 집단 이주를 하면서였다. 무라노 섬으로 이들을 가둔 것은 목조 건물이 대부분이던 베네치아가 섭씨 500도로 달아오르는 유리 용광로 때문에 수시로 불바다가 됐기 때문이다.

그런데 유리의 확산은 예상치 못한 결과들을 속속 이끌어냈다. '렌즈' 가 스타트였다. '돋보기' 와 '안경' 이 생기자 책이 더 필요해졌다.

이는 인쇄술의 발전을 불러 금속활자로 이어졌다. 책이 대량 생산되면서 문명(지식)의 전파와 발전이 이전과 비교할 수 없이 빨라졌다. '현미경'과 '망원경'은 우주기술의 발전으로까지 이어졌다. '비커'와 '유리막대'가 없었다면 실험물리학과 화학의 발전은 아예 불가능했을지도 모른다.

 현대에 들어 유리섬유(광섬유)는 A380 항공기의 동체는 물론 인터넷 통신망을 가능하게 했다. 그 모든 인터넷이 유리 때문에 가능한 것이다. 현대문명의 총아 스마트폰 역시 유리가 없으면 불가능한 일이다. 물론 유리는 과학기술에만 영향을 미친 것은 아니다. '거울'은 화가들에게 원근법을 가르쳤고, 거울에 비치는 얼굴을 고찰하면서 인간의 입장에서 인간을 관찰하려는 욕망이 돋았다. 그 욕망이 바로 르네상스를 불렀다.

●

〈냉기〉는 냉동냉장 기술의 상징어다. 이른바 '얼음 혁명'을 말한다.

 1834년 초여름, 범선 마다가스카르 호가 리우데자네이루에 입항했다. 배에는 뉴잉글랜드의 호수에서 마음껏 깨낸 얼음이었다. 보스턴의 사업가 프레데릭 튜터는 이 상상초월 얼음무역으로 '얼음왕'이란 칭호와 함께 거부가 되었다. 1860년 뉴욕에서는 3가구 중 2가구가 날마다 얼음을 배달받았다.

 얼음의 상용은 인공제빙기를 거쳐 냉장고, 냉동고, 냉동탑차로 이어졌다. 육류 생산의 도시 시카고는 사실상 얼음 위에 지어진 도시라 해도 무방하다. 얼음은 인류의 '먹는 문화'를 완벽하게 바꾸어 놓았다.

이뿐만 아니다. '에어컨'은 열대의 습기와 사막의 열기에 쌓인 애리조나주의 인구를 급증시켰다. 냉동수정란으로 수백만 명의 갓난아기들이 탄생했고, 그들이 성장해서는 급속 냉동을 거친 '즉석 백반'과 '컵라면'을 먹을 수 있게 했다.

●

〈소리〉는 1850년 파리의 출판업자 스콧이 녹음기술을 연구하면서 시작됐다. 1857년 소리를 녹음하는 '포노토그래프'가 그에 의해 발명됐고, 20년 후 토머스 에디슨이 축음기를 발명했다. 전화, 무전기, 라디오, TV, 영화, 마이크-앰프-스피커, 스마트폰이 모두 소리의 발전사이자 라이프스타일의 대전환을 불렀다. 초음파탐지기는 무기와 신생아의 운명까지 갈라놓았다.

●

〈청결〉은 먹고 사는 문제의 핵심이다.

도시가 비약적으로 커지면서 상하수도 시스템과 육체적 배설물의 처리는 '시장과 대통령'의 운명까지 좌우했다. 불결은 세균학의 발전을, 야외 인공 수영장은 비키니 수영복을 탄생시키며 패션의 발전을 불렀다.

- 〈시간〉은 시계 산업의 상징이다.

근세 이전에는 분초를 다투면서까지 살 필요가 없었다. 시간에 맞춰 타야 할 버스도, 기차도 없었고 1분1초의 타이밍이 중요한 미사일이나 우주선도 없었다. 탄소연대측정법은 시간의 과거이고, 우주탐사선은 시간의 미래이다. 출근부 펀치는 출퇴근 근로자들의 근무환경을 매우 열악하게 바꾸어 놓았다.

- 〈빛〉은 인공조명을 말한다.

어둠을 밝히는 도구가 양초를 벗어난 것은 에디슨이 전구를 발명하면서였다. 밤이 낮처럼 밝아지자 인류의 라이프스타일도 그만큼 놀라게 변했다. 극장과 식당이 들어찼고 밤에도 공장이 돌아갔다. 섬광이 터지는 사진기는 신문의 혁명을 부르며 사회변혁을 주도했다. 네온싸인이 화려한 소비시대를, 레이저 광선으로 소설 속 상상이 현실이 됐다. 바코드는 물류의 혁신을 가져왔다.

지금은 '인공 태양'이 빛을 뿜을 준비를 하고 있다. 그때가 되면 인류의 삶은 또 어떻게 달라질 것인지 상상조차 할 수가 없다.

미타니 고지, 『세상을 바꾼 비즈니스 모델 70』

쌀전 두 집이 있다. 모두 배달을 하는데 한 집은 카드 결제기를 가지고 다닌다. 한 집은 주인이 나이가 많아서 그런지 현금밖에 안 받는다. 대부분 치킨집 역시 모바일 카드 결제를 받는데 특정한 한 집은 현금만 고집한다. 이유를 물으면 '모바일 카드 결제기가 고장 났다'고 둘러댄다. 아마도 이 주인은 신용카드 수수료에서 자신만의 '혁신적 수익 모델'을 찾은 것으로 짐작된다.

고객들은 어느 집에다 주로 주문하게 될까? 큰 사업이든 작은 사업이든 '영감과 혁신'은 필수다.

●

비즈니스 모델은 어떤 상품이나 서비스를 어떤 사람들에게 어떤 방식으로 거래 또는 판매할 것인지 그 방식을 말한다. 이윤 창출이 목표인 기업이나 프리랜서, 자영업자 등의 비즈니스 모델에는 어떻게 해서 이익을 남길지에 대한 수익모델이 포함돼 있다고 봐야 한다. 또한 시장이란 불변의 틀에 갇힌 법칙이 아니라 예측 불가능한 변수들이 생존하므로 성공한 비즈니스 모델은 기존의 시장 질서나 비즈니스 방식을 벗어나는 '혁신'의 의미도 함께 갖는다.

우리에게 '비즈니스 모델' 이란 용어가 익숙해진 계기는 90년대 후반 IT벤처기업의 광풍 시대였다. 이른바 '컴·통·텔·넷' 이란 글자 중 하나만 회사 이름에 들어있으면 '눈 먼 돈' 을 마구잡이로 끌어들일 수 있었다. '광고를 보면 돈을 주겠다' 는 '기막힌 비즈니스 모델' 의 골드뱅크, 현재 글로벌 기업으로 군림하는 소셜네트웍스SNS 기업의 대명사 페이스북의 원조격인 싸이월드, 포털 사이트 다음과 네이버 등이 그때 생겼다.

물론 지금은 이 기업들의 명운이 하늘과 땅으로 갈렸는데 그 원인 또한 비즈니스 모델이나 수익모델과 직결된다.

●

대개 패망한 기업들의 이유는 1%의 영감은 있었으나 99%의 노력, 즉 혁신이 부족하거나 헛다리를 짚었다. 증기기관이 출현해 말馬을 대체한 것은 기술의 진보다. 이 기술의 진보를 이용해 철도 유통 사업으로 역마차를 밀어내는 것이 '비즈니스 모델 혁신' 이다.

그러므로 '세상을 바꾸는 비즈니스 모델' 이 되려면 혁신이 필수다. 『세상을 바꾼 비즈니스 모델 70』은 그 혁신을 위한 1% 영감을 얻는 데 도움이 될 만한 책이다. 제목대로 중세 르네상스 이탈리아 메디치 가문부터 2015년 스타트업까지 역사적으로 크게 성공했던 기업(가)에 대한 고찰이다.

● 15세기 이탈리아 도시국가 피렌체를 지배했던 메디치 가문의 시작은 대금결제의 공간을 극복하는 '환전' 과 교황청의 막대한 자금을 관리하는 '뱅크' 의 영감에서 시작됐다.

17세기 일본의 포목상 미쓰이 에치고야 역시 '환전' 이라는 신기루와 에도막부의 자금 관리 뱅크가 출발점이었다. 사람들의 생각이란 시공간을 넘어 결국 거기서 거기, 누가 먼저 통찰력 있는 계획으로 실행에 옮기느냐가 관건인가 보다.

● 이 책의 5장까지는 앞서 언급한 메디치 가문은 물론 포드, 혼다, 마이클 델, 제프 베조스, 비즈니스 과학자 앤더슨, 손정의, 알리바바와 바이두, 신발 기업 자포스, 아마존의 클라우드 시스템까지 어디서 한 번쯤은 들어봤을 기업가나 기업들의 비즈니스 모델과 혁신의 사례를 다뤘다. 대략 1970~1990년을 비즈니스 모델이 현대적으로 혁명적 변화를 겪은 시기로 보았다.

이후 10년 간은 속도와 IT를 무기로 새로운 비즈니스 모델들의 창조기가 이어졌다. 그리고 21세기 15년의 현재까지 골리앗들과 다윗들이 뒤섞여 전쟁을 벌이는 글로벌 시장의 역동성이 5장에서 다뤄진다.

마지막 6장과 부록이 꽤 알차다. 6장은 '어떻게 혁신을 일으킬 것인가' 를 놓고 동서고금 괄목할 만한 혁신의 사례들을 훑었다. 부록은 '세계에 도전하는 한국과 일본의 비즈니스 모델'들이다. 한국 최초의 글로벌 명품 핸드백으로 탄생할지도 모르는 시몬느의 실험과 도전, 미용실을 글로벌 비즈니스로 일군 준오헤어, 페이스북과 대결하려는 카카오, '딴따라'를 한류 비즈니스로 승화시킨 SM엔터테인먼트, 기업 간 '뚜쟁이'가 비즈니스인 일본의 링커스를 살폈다.

●

발명가 에디슨은 "천재는 99%의 노력과 1%의 영감靈感으로 만들어진다"고 했다. 영국의 정치가이자 작가로서 명언의 대가인 벤저민 디즈레일리는 "단 한 권의 책밖에 읽지 않은 사람을 경계하라"는 명언을 남겼다. '다양한 분야의 독서를 통해 일관되거나 편협한 사고에서 벗어나 예기치 못했던 영감을 얻으라'는 뜻으로 읽힌다.

이경희, 『CEO의 탄생』

'사람은 책을 만들고, 책은 사람을 만든다'며 '책을 읽자'고 하면 '책에서 밥 나오냐?'며 일터로 달려가는 사람들이 많다. '책에서 밥이 나오지는 않지만 지식으로 무장하고, 영혼을 살찌우면 그것이 결국 밥으로 귀결된다'고 하기에는 오늘 저녁

끼니가 너무 가까이에 닥쳐 있다.

그래서 가끔 '밥 나오는 책'을 굳이 권한다. 책에서 당장 밥이 나오는 일 또한 독서의 중요한 덕목이니까.

●

먹고 살기 위해 지금도 많은 청춘들이 취업에 도전하고, 또 그만큼 많은 청춘과 중장년층이 창업에 도전한다. 그러나 '창업이난수성創業易難守成'이라고, 창업을 하는 것도 어렵지만 성공을 지키는 것은 더 어렵다고 한다.

●

『CEO의 탄생』은 예비창업자, 이제 막 창업을 한 사람, 사업에 한참 열을 올리고 있는 사람, 사업에 크게 성공한 사람 모두에게 도움이 될 '한국형 CEO 교본'이다.

필자는 '이 책을 20년 전에 읽었더라면' 하는 아쉬움이 있다. 필자는 20년 전 창업을 했었다. 그리고 10년 전 회사 문을 닫았다. 나름 열심히 회사를 경영하고 있다고 생각하던 어느 날 업계를 취재하던 신문사 기자가 회사를 방문했다. 기자는 필자를 방문하기 직전에 들렀던, 필자와 비슷한 시기에 창업했던 동종업계 A사 CEO가 갑자기 코피를 쏟은 이야기를 전했다. 기자가 이유를 물었더니 제안서를 쓰느라 3일 밤을 새서 그렇다는 것이었다. 지금 P사는 공공연한 업계 선두주자로 성장했다.

필자는 제안서를 쓰기 위해 하루 밤도 제대로 새워보지 않았을 뿐만 아니라 권한 위임을 핑계로 직원들에게 맡겨버리곤 했다. 필자에게는 솔선수범과 사력을 다하는 '기업가 정신'이 없었다. 즉, 회사를 키우고 지속시키려는 CEO의 기본 마인드가 없이 게을렀던 것이다. 결과는 앞서서 말했던 것처럼 회사의 문을 닫는 것이었다.

『CEO의 탄생』의 저자인 한국창업전략연구소 이경희 소장(경영학 박사)은 "적자 속에서 허덕이는 CEO가 아닌, 기업가가 해야 할 사회적 역할을 다하면서 자신의 꿈과 소망을 실현하는 훌륭한 CEO가 탄생하는 데에 보탬이 되고자 이 책을 썼다"고 한다.

"도전을 고민하는 예비창업자, 힘겨운 경영 환경에서 생존을 위해 사투를 벌이는 소상공인과 프랜차이즈 가맹점주, 중소기업인, 청년사업가들에게 위로와 격려를 전하며 이 책이 그들의 지속성장 여정에 동반자가 되기를 바란다"는 저자의 진정성은 그간 저자가 보여준 노력과 열정 속에 그 자취가 고스란히 담겨 있다.

이경희 소장은 30년 넘게 소자본 창업 컨설팅을 해왔고, 스스로 기업도 운영해왔다. 그 사이 10만 명이 넘는 소상공인, 중소기업, 자영업자 등 기업가들을 만났다.

이 책은 그들의 흥망성쇠, 실패와 재도전을 곁에서 지켜본 생생한 기록이다. 그런데 그녀의 기록들이 남 일처럼 공중에 뜨지 않고 땅바닥에 바짝 붙는 이유는 그녀 스스로가 오랫동안 기업을 직접 경영해온 경험이 그 기록들에 녹아들어서다. 직접 지켜보고 겪어낸 기록들이라 허위, 과장, 가식, 군더더기가 전혀 없는 날것이기 때문이다.

더구나 국내 현장에서 30년 활동한 결과물이라 창업과 경영 환경이 우리와 동떨어진 선진국 기업들의 뜬구름 같은 것들이 아니라 철저하게 한국적이라는 점, 디테일이 대단히 강하다는 점 또한 매우 중요하다. '내 사업을 시작하고 성공시키는 모든 것'을 담은 한국의 CEO의 성공경영을 위한 백과사전 격이다.

●

저자가 특별히 요구하는 리더의 유형은 '잔다르크' 형이다. 강한 책임감과 목표의식을 가지고 일을 주도하되 솔선수범하는 리더다. 그런데 이게 말처럼 쉽지 않다. 아무나 잔다르크가 되지 못하는 이유들을 저자가 낱낱이 밝혔다. 회사 문을 닫았던 경험이 있는 필자에게 그 이유들은 하나같이 살점을 찌르는 바늘로 다가온다. 필자가 '이 책을 20년 전에 읽었더라면' 하는 아쉬움이 그래서 생긴다는 말이다.

책은 사업의 성패를 50% 이상 가르는 것은 '기업가 정신'이라는 말부터 시작한다. 이는 기업을 성공시키는 데 필요한 자질들의 종합인데 그 사람이 살아온 모든 내력들과 깊은 연관이 있다. 최초의 창업에 가장 큰 영향을 미치는 요소가 바로 기업가 정신의 유무를 가르는 '인생성적표'다. 모두 95편 528쪽의 방대한 기록의 마지막은 'CEO가 포기하지 않는 한 실패란 없다'는 것이다.

포기는 배추를 셀 때 쓰는 말이고, 실패는 바느질 할 실을 감아둘 때나 쓰는 말이다. 준비된 창업을 위해, 창업 후 성공을 위해, 성공 후 수성을 위해 필독을 권한다.

●

우리나라는 유독 컨설팅 문화가 약하다. 전문가의 자문이나 권고를 받기 위해 비용을 지불하는 것에 대해 익숙하지 않으며, 그 비용을 매우 아까워한다는 것이다. '산전수전 겪으며 경영을 해온 내가 다 아는데 무슨 전문가?' 라는 생각이 강해서다. 그러나 남의 눈에 티는 보면서 내 눈에 들보는 못 보는 것이 사람이다. 산전수전을 넘어 공중전까지 겪은 CEO라 할지라도 도움이 될 내용이 반드시 있을 것이라 확신한다. 예비 창업자나 갓 창업자는 더 말할 나위가 없다.

공부하고 시작하는 것과 공부하지 않고 시작하는 것의 결과 차이는 자명하므로.

급변하는
패러다임 속 인간이

_____설 자리는 어디인가

김재인, 「인공지능의 시대, 인간을 다시 묻다」

  2016년 봄은 인류에게 충격으로 다가왔다. 컴퓨터 프로그램인 알파고가 한국의 이세돌 9단과 바둑대결에서 완승을 거두면서다. 알파고는 연이어 당대 바둑 랭킹 1위라는 중국의 커제까지 꺾은 후 바둑계를 은퇴(?)했다.
  언론은 '인류를 위협할 수도 있는' 인공지능AI의 미래에 대해 호들갑을 떨었고, 사람들은 〈터미네이터〉나 〈매트릭스〉 같은 영화가 현실이 되지 않을까 하는 '막연한 두려움'에 떨었다.

●
  과연 인공지능 터미네이터가 인류의 미래를 위협할 것인가? 혹은 요즘 흔히 말하는 것처럼 인공지능으로 인해 인간이 일자리를 잃고, 직업의 판도가 바뀌고, 나아가 인간으로서 설 자리마저 위태로워질 것인가?
  컴퓨터나 첨단과학을 잘 모르는 일반인들이 이런 두려움을 갖는 것은 당연할 수 있다. 잘 모르니까. 그러나 '전문가'들마저 그것을 두려워한다면 얘기가 달라진다. '지피지기 백전불태'라고 인공지능의 실체를 정확히 꿰뚫는다면 도대체 인류가 두려워할 이유가 없는 바, 소위 진문가들은 '지피지기'의 능력과 자격, 의무가 주어진 사람들이기 때문이다.

　컴퓨터의 발전사를 따르자면 컴퓨터 없는 인터넷 등장은 불가능했다. 그런데 이제는 인터넷 없는 컴퓨터도 생각하기 어려워졌다. 컴퓨터와 인터넷은 물고 물리며 같이 도는 톱니바퀴다. 확장하자면 컴퓨터 전문가가 인터넷 전문가, 인터넷 전문가가 컴퓨터 전문가란 이야기다.

●

　『인공지능의 시대, 인간을 다시 묻다』의 저자 김재인은 철학자이다. 그런 만큼 이 책의 주제는 철학이다. 인간적 사고의 본질에 가장 가까운 철학의 눈으로 과학의 영역인 인공지능의 실체를 꿰뚫었다.

　알파고? 그거 알고 보면 아무 것도 아니다. 바둑의 경우의 수가 우주에 존재하는 원자의 수보다 많다고는 하지만 궁극적으로는 수학 계산이다. 원래 인간의 두뇌는 계산에 약하다. 그러므로 바둑은 아주 비인간적인 활동이다. 컴퓨터는 '계산기'라는 뜻이고 출발도 계산, 종착역도 계산이다. 계산이 주특기인 컴퓨터가 인간을 계산에서 이겨야 하는 것은 당연하지 않은가?

아무리 알파고가 위대해도 그 뒤에는 알고리즘을 짠 인간이 있고, 알고리즘을 짜는 알고리즘 뒤에 또한 인간이 있다. 간단히 말해 인간의 창조적 두뇌가 없는 알파고 자체는 무용지물이란 것이고, 더 단순하게는 전원이 차단되는 순간 알파고는 바둑판 앞에서 존재가 사라져 인간의 기권승으로 끝난다.

●

그러므로 인공지능 시대에 정작 필요한 것은 '무조건 겁먹는 일'이 아니라 그것의 정체를 '제대로 아는 일'이다. 그런 이후 그것을 만들어내고 조종하는 '인간의 마음'을 탐색하는 일이다. 인공지능이 인간보다 더 잘 할 수 있는 분야와 절대로 인간을 능가할 수 없는 분야가 무엇인지 정확하게 아는 일이다. 그래야 어떻게 대처할지 답이 나온다.

사실 100년 전 인류에게는 사람보다 더 일을 잘 해내는 전기밥솥이나 세탁기, 자동차 내비게이션이 알파고보다 더 충격적인 인공지능일 수 있다. 우리 중 누구라도 세탁기나 밥솥에 겁먹는 사람이 있는가 말이다.

●

철학자의 대처법은 간단하다. 인공지능이 더 잘할 수 있는 일은 그에게 맡기고, 인간은 인간이 더 잘할 수 있는 분야에 매진하면 된다.

계산하는 일이 아니라 문제를 제기하는 일, 목표를 세우는 일 등 한마디로 '창조적인 일'은 인공지능의 몫이 될 수가 없다. 플라톤과 데카르트, 기하학과 형이상학적 성찰로 우리를 이끄는 철학자의 결론이다.

최진석, 「탁월한 사유의 시선」

컴퓨터 공학을 전공했던 스티브 잡스의 무한한 창의력의 배경에 그가 홀연히 떠났던 인도 여행이 한 몫을 했을 것이라는데 이견을 다는 사람은 드물다. 그의 인도 여행은 단순한 관광이 아니라 명상 수행의 과정이었다. 인문학적, 철학적 성찰에 자신을 깊이 내맡김으로써 인간과 미래에 대한 통찰을 얻으려는 '노오력'이었다. 그러한 통찰이 탁월한 상상을 부르고, 그 상상이 '아이폰'이라는 창의력으로 귀결되었던 것이다.

●

백발이 트레이드마크인 동양철학자 최진석 서강대 교수는 잘 알려진 대중 스타다. 고리타분한 철학 강의로 대중을 설득하기 쉽지 않은 터에 그의 뛰어난 설득력은 '철학을 어떻게 말하면 사람들이 흥미롭게 철학을 대할 것인가'를 통찰한 결과다. 그의 그런 통찰은 현재까지의 생각에 자신을 가두지 않고 끊임없이 자신을 '경계'에 내던짐으로써 나왔다. 『경계에 흐르다』는 그러한 철학적 내면을 담백하게 풀어놓은 그의 첫 산문집이다.

최진석 교수에게 '경계'는 '나의 삶을 지배하고 지탱해 온 현재의 가치관, 이념, 신념 등과 그 너머에 있는 신세계 사이를 가르는 스틱스Styx 강'이다. 그리스 신화의 이 강은 삶과 죽음, 이승과 저승의 경계다. 반신반인 아킬레스의 강철 육신을 탄생시켰던 스틱스 강은 '현재의 나를 죽여야 미래의 새로운 내가 태어난다'는 명제를 위한 철학적 경계의 강이기도 하다.

철학자는 '과거의 나를 버리지 않으면, 현재에서 벗어나 스틱스로 나를 내몰지 않으면 어떤 변화도 기대하기 어렵다'는 통찰로 일관해온 자신의 삶을 담담히 풀어놓는다.

●

최진석 교수는 다음과 같이 단언한다.

"철학은 신으로부터 인간의 독립이다. 독립정신이다. 진리, 신념, 이념 같은 믿음으로부터 독립이다. 몸은 기존의 틀 속에 있어도 눈은 새로운 빛을 보는 것. 그 빛을 본 눈은 자신의 몸을 앞으로 기울게 만드는 것. 인간으로서의 탁월함이 등장하는 텃밭이 철학이다."

그러므로 철학적이지 않은 사람은 고인 물처럼 썩기 마련이란다. 스스로를 안주 대신 경계에 내 던져야 할 이유다.

●

경계의 극한은 절대자유의 한계를 깨는 장자의 '대붕大鵬'이다. '연작燕雀 참새이 어찌 대붕의 뜻을 알겠는가'의 그 대붕이다. 대붕은 원래 북해의 곤鯤이라는 작은 물고기였다. 부단한 학습의 공력이 극한에 이른 찰나 과감하게 9만 리를 튀어 올라 날개 길이 3,000리의 대붕이 되었다.

한쪽에만 머물지 않고, 가진 것을 붙잡지 않고 경계를 흘러야 가능한 일인데 '대붕은 9만 리를 튀어 오르는 내내 단 한 번도 뒤를 돌아보지 않았다'고 철학자는 전한다.

경계를 지향하는 철학자는 또 '친구를 기다리지 마라'고 일갈한다. 친구를 버리라니? 그런데 이 친구는 우리가 생각하는 그 친구가 아니다. 나를 동조하는 타인(친구)보다 먼저 '나를 진심으로 동조하는 내가 나의 가장 충실한 친구'이므로, 남보다 먼저 자신이 자신의 친구가 되라는 뜻이다.

가장 밑바닥에서 가장 철저하게 자신에게 진실한 사람만이 경계를 넘어 절대의 하늘로 솟구칠 수 있어서다. 그 모든 '스티브 잡스'들이 그랬던 것처럼.

●

비행기를 본 적도 들은 적도 없는 사람은 비행기 꿈을 꿀 수 없다. 하늘에서 떨어진 코카콜라 병 때문에 고뇌에 빠지는 부시맨이 그런 사람이다. '알아야 면장 한다'는 말이 그래서 생겼다. 이때 면장은 '나라도 가시군 오시면'의 면장面長이 아니라 높은 담장에 가로막혀 담장 너머 세상 일을 전혀 못 보는, 우물 안 개구리 상태를 벗어나는 면면장免面牆을 말한다.

●
최진석 교수는 공자와 맹자보다 노자와 장자를 주로 이야기 한다. 일반인들은 대개 공맹은 절도와 원리원칙을, 노장은 자연과 자유로운 영혼을 떠올린다. 이전에 그가 쓴 『인간이 그리는 무늬』역시 부제가 '우리는 나를 가두는 감옥, 오직 나의 욕망에 집중하라'였다.

『탁월한 사유의 시선』의 부제는 '시선의 높이가 삶의 높이다' 이다. '사람은 자기의 눈높이 이상의 삶을 살지 못한다. 눈이 높으면 높은 수준의 문명을, 눈이 낮으면 낮은 수준의 문명을 누릴 수 밖에 없다'는 것이다. 철학자가 사유(눈)의 높이를 탁월하게 높이자는 현재 우리나라가 처한 현실이 진퇴의 기로에 서 있기 때문이다.

●
"우리는 지금까지 지식 수입국이었다. 그것으로는 중진국까지의 발전이 한계다. 이제는 지식 생산국으로서 선진국 수준의 사유의 높이를 가져야 새로운 비전을 찾을 수 있다. 대한민국 건국, 산업화, 민주화 이후 새로운 국가적 아젠다를 설정하지 못하면 우리는 후진국으로 전락할 것이다. 필리핀은 한때 영어를 할 줄 아는 우리나라 인텔리들이 취업하기 위해 갔던 선진국이었다."

 이 대목에서 철학자의 우려 섞인 통찰의 시선을 알 수 있다. 그는 '이제는 보고 싶은 대로 보지 말고, 보이는 대로 보라' 고 권한다. 아직도 우리는 시대적 문제는 외면하면서 내 생각과 맞지 않는 것만 문제로 인식한다. 모든 논쟁은 '맞냐, 틀리냐' 의 진위에만 집중한다. 진위논쟁은 필히 지나버린 과거만을 호출한다. 이런 사회는 미래 비전의 논쟁이 어렵다.
 인문학자 김경집 저자도『앞으로 10년, 대한민국 골든타임』에서 '가만 있으면 우리나라 망한다' 고 걱정했다. 시대와 사회를 통찰하는 학자들의 이런 우려들이 예사롭지가 않다.

●
 미국에 유학을 간 한국 청년이 자신의 직업과 직장으로 고민할 때, 미국의 어떤 학생은 남북한의 국기를 자신의 책상 위에 올려두고 '분단 돼 고통 받는 한반도의 통일' 을 고민한다. 이것이 '탁월한 사유의 시선' 이다.

모든
'출발점'에서 필요한 것,
_____전략

김윤규, 『청년장사꾼』

　어른들이 가끔 '이것도 저것도 아닐 바에는 차라리 장사가 빠르다' 는 말을 하곤 한다. 주로 청년들에게 하는 말인데 막연히 허송세월을 하거나 뚜렷한 비전이 없는 직장에 무심코 다니는 것보다 일찌감치 장사를 시작하는 것이 결과적으로 더 '나을 수' 있다는 경험에서 나오는 말이다.

●

　50대 중반에 이른 필자 역시 주위의 친구들을 봐도 저 말이 꼭 틀린 것은 아니다. 그러나 '나을 수 있다' 는 말의 '수' 에 집중할 필요가 있다.
　'100개의 가게가 문을 열면 결국 3개 남는다' 고 할 만큼 장사로 성공한다는 것이 만만치는 않다. 필자의 친구와 선후배들 중에도 청년시절부터 아예 장사(또는 사업)에 뛰어들었거나 직장에 10여 년 다니다 퇴직한 후 시작한 친구들이 꽤 있다. (장사와 사업의 구분이 애매한데 필자는 편의상 자영업 수준을 장사, 회사를 꾸리는 것을 사업이라고 하겠다). 당연히 그 중에는 크게 성공한 사람, 적당히 성공한 사람이 있는 반면 실패해서 피곤한 인생을 사는 사람도 없는 게 아니다.

크게 성공했거나 실패하지 않은 사람들, 재기에 성공한 사람들을 보면 예외 없이 '자신이 전공한 분야에 한 우물을 파되 목숨을 걸듯이 성실하게 뛴' 경우다.

●

재미있는 것은 이렇게 장사와 사업에 성공한 사람들에게 그 비결을 물으면 하나같이 '기칠운삼(노력 70%, 운 30%)'이 아니라 '운칠복삼(운 70%, 복 30%)'이라고 말한다는 점이다. '운과 때'를 만나지 않으면 성공하기 어렵다는 뜻이다.

그럼 열심히 해도 운과 때를 만나지 못하면 성공하기 어려우니 장사를 시작하지 말아야 할 것인가? 천만의 말씀이다.

기회는 눈 먼 소경이 아니다. 그것은 늘 부지런한 사람만 쫓아다닌다. 또 기회는 꽁지 없는 화살 같아서 올 때 잡아야지 지나가버리면 뒤에서 쫓아가봐야 잡히지 않는다. '운과 때'를 만나 성공하기 위한 전제조건은 목숨 걸고 열심히 하는 것이다. 그래야 어느 순간 운과 때의 기회가 오면 그걸 낚아챔으로써 성공하게 되는 것이다.

●

    비록 개인적 문제로 실패와 성공이 점철되긴 하지만 시중에는 '총각네 야채가게'나 '봉구스 밥버거' 처럼 남다른 노력과 발상으로 사업을 키운 성공 스토리가 적지 않다. 그 중에는 지금 한참 관심을 받고 있는 '청년장사꾼' 일당(?)들이 있다.

    『청년장사꾼』의 저자들인 '청년장사꾼' 은 일찌감치 장사에 뜻을 모은 청년들이 모여 만든 회사를 말한다. 시작은 인도로 떠난 배낭여행에서 우연히 4번이나 마주쳤던 것이 인연이 됐던 두 명의 청년 김윤규, 김연석과 또 다른 청년 한 명의 의기투합이었다.

    2012년 1월 아무것도 없이 노점에서 시작했던 3명의 청년장사꾼은 2014년 12월 현재 서울에 13개 매장을 내고 연매출 20억을 올리는 회사로 성장했다. 처음에는 다섯 명이 시작했지만 직원이 36명이 됐다. 평균 나이 25세. 이들은 장사만 했던 것이 아니다. 청년창업, 자립을 돕는 교육으로 장사판의 변동까지 획책(?)했다.

●

    이들이 몸으로 털어놓는 성공 비결은 『청년장사꾼』에 아주 자세하게 다 들어 있다. 퇴직 이후가 아니라 사회 초년생인 청년의 장사를 위한 책이라는 점에서 독특하다. 게다가 그들의 왕성한 장사와 활동은 진행 중이다. 대표 주자인 김윤규, 김연석은 이미 여기저기 강연에 불려다닐 만큼 유명인사가 되었다. 김윤규 대표가 창업을 결심했을 때 굳게 먹은 마음은 다음과 같다.

"내 갈 길 정했으니 스스로 감동할 수 있을 때까지 최선을 다하자"

김재한,「세상을 바꾼 전략 36계」
우종필,「빅데이터 분석대로 미래는 이루어진다」

1940년 2차 세계대전에서 독일은 프랑스가 난공불락이라 믿었던 마지노선을 우회하는 '허 찌르기' 전략으로 5주 만에 프랑스를 점령했다.

1973년 3월 29일 미국은 베트남에서 철수, 종전을 선언했다. 이 싸움을 시작했던 다윗 북베트남은 골리앗 미국을 상대로 '작게 잃거나 크게 얻을 수 있다' 는 계산 아래 과감한 베팅을 해 성공한 케이스다.

- 전쟁에서 전략이 차지하는 역할은 두말할 것도 없다. 전쟁뿐만이 아니다. 모든 성공한 마케팅, 성공한 리더, 성공한 직장

인, 성공한 학생에게는 그만의 독특한 전략이 있다.

1964년 영국의 록그룹 비틀스가 뉴욕 케네디 공항에 나타난 후 세계 팝 역사는 완전히 바뀌었다. 풋풋한 4명의 청년은 영국 주변의 프랑스, 이탈리아, 독일 대신 곧바로 중원으로 치고 들어감으로써 세계 시장을 장악했던 것이다.

정치학 박사이자 대학 교수인 저자 김재한은 『세상을 바꾼 전략 36계』에서 동서양의 고대에서 현대까지의 역사에서 골라낸 묵직한 '대결'들을 게임과 마케팅의 시각에서 36가지의 전술전략으로 정리했다. 결국 선거든, 사업이든, 전쟁이든 '싸움'에서 지지 않고 이기는 법에 대한 수칙이다.

●

그렇다면 4차 산업혁명이 도래한 지금 이 시대의 탁월한 전략은 어디에서 찾을 수 있을까? 삶의 출발선에 선 사람들은 어디에서 자기만의 전략을 찾아야 하는가?

"빅데이터는 데이터의 량이 아니라 다양성과 질이다. 기존의 데이터들은 숫자로 이뤄진 정형 데이터였다. 빅데이터는 여기에 반정형 데이터와 비정형 데이터가 추가된다. 이는 이전에는 정보로 취급할 수 없었던 모든 기록들"이라고 정리하는 『빅데이터 분석대로 미래는 이루어진다』의 저자 우종필 세종대 교수는 2016년 7월과 미국 대선 직전인 11월 3일 개인 홈페이지에 트럼프의 당선을 확신했다. 당시 모든 미국의 언론은 '힐러리 당선 확률 90%'라고 예측했었다.

그는 당시 미국 여론조사기관들의 유권자 표본이 1억 6,000만 모집단에 비해 턱없이 적다는 사실, 그것도 전화 조사로 끝내는 허점을 보았다. 빅데이터 기반의 구글 트렌드 데이터로 선거결과를 보다 정확하게 예측할 수 있겠다는 확신으로 연구에 돌입, 트럼프 당선을 예측했다. 빅데이터에 관한 책들이 많지만 이 책은 "어떻게 구글 데이터를 이용하여 당선자를 예측했는지"에 대한 디테일한 방법론 제시가 강점이다.

●

빅데이터는 4차 산업혁명의 대표 키워드다. 빅데이터가 수면 위로 떠올랐던 것이 바로 2012년 미국 대통령 선거였다. 댄 와 그녀가 버락 오바마 캠프에서 '동굴 속 외뿔고래'로 승리에 일조했다는 사실이 드러나면서다.

그런데 그 이전에도 인터넷을 포함한 IT 전문가들은 기업정보시스템EIS, 고객관계관리CRM, 전사적자원관리ERP, 판매정보관리POS 등 빅데이터 관점에서 지속적인 정보시스템 발전을 추구했다.

이 시스템들이 주로 가격, 매출, 구매 시간대 등 정형 데이터에 초점을 맞췄다면 빅데이터는 인터넷 정보의 바다에서 문서, 이미지, 음성, 로그인 등 연산불가의 비정형 데이터까지 분석에 활용하는 것으로 기술적 진전을 이룬 것이다.

● 저자는 2012년 한국 대선을 구글 트렌드로 분석한 바 있다. 결과적이긴 하지만 후보들에 대한 시기별 검색량 변화와 그 배경 분석을 통해 백전노장의 정치 전략가나 여론조사보다 '구글 트렌드'가 더 유효함을 증명했다. 또 영화를 개봉하기 전 얼마나 많은 관중이 몰리게 될지, 월마트와 아마존의 매출액은 어떻게 변할지 예측하는 기법도 보여준다. 이는 당연히 두 회사의 주가 예측으로 이어진다.

이제 주식투자도 전문가적 촉이나 운이 아닌 '과학'으로 정밀하게 하는 시점이 왔다. 예측 과정은 대략 '기업의 누적 매출액 데이터와 구글의 누적 검색량 데이터를 비교하는 것'으로 설명된다.

● 이제는 누구도 빅데이터의 각론을 외면키 어려우리라. 이 책의 4장 제목은 '빅데이터를 알아야 살아남는다' 처럼.

이제까지는 빅데이터의 존재 정도만 알고 있어도 충분하겠지만 앞으로 미래사회에서는 이 말을 신중하게 받아들여야 하지 않을까?

박인호, 「전원생활 촌테크」

모든 전투와 일이 그렇듯 전략전술이 잘못되면 실패하기 십상이다. 이는 도시 생활에만이 아니라 도시에 등을 돌리고 다른 곳에서의 새로운 삶을 꿈꾸는 모든 이들이 귀담아 들어야 할 진리다.

21세기는 도시에서도 농촌에서도 '새로운 전략'이 필요한 시대다.

『전원생활 촌테크』의 저자 박인호가 이 책을 쓴 바람은 다음과 같다.

"2014년, 귀농귀촌 인구는 전년보다 37.5%나 급증한 4만 4,586가구에 이르렀는데 2015년에는 이를 뛰어넘어 또다시 사상 최대 기록을 세웠다. 도시를 떠나 농촌으로 향하는 발걸음은 지금 이 순간에도 계속되고 있다. 목가적인 전원생활부터 성공 귀농까지, 그 동기와 목적 또한 다양하다.

전원생활 7년 차인 나는 지금도 여전히 '자연인 농부'를 꿈꾸며 산다. 그래서 행복하다. 가급적 많은 이가 이 행복한 꿈을 함께 꾸었으면 좋겠다."

하지만 이 책은 그저 전원생활의 낭만에 대해 이야기하고 있지 않다. 오히려 '전원생활=낭만'으로만 생각했다가는 큰 코 다친다는 경고를 울림으로써 도시인의 환상을 친절하게(?) 깨준다. 시골 텃세를 이겨내는 지혜를 알려주는 '원주민 VS 외지인' 이야기에서 알 수 있듯이, 도시 생활을 접고 전원에서 제2의 인생을 시작하려는 모든 사람들이라면 귀농귀촌의 정착이 쉽지 않은 일임을 직시해야 한다는 것이다.

●

저자는 서울의 유명 경제신문사의 잘 나가던 부장(데스크)이었다. 그런 그가 2010년 홀연히 사표를 던지고 강원도 홍천의 산골로 식솔들을 이끌고 떠나버렸다. 농부로 안착한 저자는 기자로서의 경력을 살려 도시인들에게 메시지를 던지기 시작했다.

"자연과 소통하는 이는 진정한 자연인이자 자유인이다. 물질과 욕심으로 점철된 도시를 내려놓기만 하면 누구나 자연인이 될 수 있다."

"농업은 생명을 다루는 산업이요, 농부는 생명을 가꾸는 시인이라는 마음을 견지하자. 그래야 농사를 통해서도 자연의 축복을 제대로 향유할 수 있게 된다."

이후 저자는 예비 귀농인, 귀촌인들에게 자연과 하나 되어 교감하는 자연인, 생명을 가꾸는 농부의 길을 줄곧 강조하는 귀농과 정착의 과정을 알리기 시작했다.

●

이 책은 귀농귀촌을 원하는 사람들을 다분히 약 올림으로써 결행을 촉구하는 것에서 시작한다. 주로 자연과 농사일에 대한 예찬이 '유쾌한 고질병 전원중독증' 같은 제목과 함께 한다. 그러나 2장에 들어서면서 분위기는 정색하고 달라진다. 경제신문사 부장 출신답게 귀농귀촌의 안착에 반드시 검토되어야 할 노른자위 전략들만 집어냈다.

'공부부터 시작하라'는 기본부터 '나쁜 멘토 조심하는 법'과 누구에게나 몹시도 중요할 '자녀 교육 문제'까지. 농부에게 실제 가장 필요한 '농사지을 땅과 농사'에 대한 자신의 경험을 풀어내 전원생활의 전략들을 두루 알려준다. '자연재해로부터 안전한 땅 구하기'와 '농사는 원래 대박이다'는 산문의 제목들이 눈에 쏙 들어온다.

누구나 궁금해할 '땅 테크'에 대한 내용들이 특히 귀를 솔깃하게 한다. '전원생활도 재테크, 아는 만큼 보인다'가 첫 테크다. '빨리 땅부터 사라'는 주변의 권유에 휩쓸리다간 백프로 낭패를 당하니, 입지 선정 요령부터 앎으로써 '좋은 땅, 나쁜 땅, 이상한 땅'을 구분해 나가야 한다고 일러준다. '돈 되는 전원

명당'도 있지만 '알박기 시골 땅'과 '기획 영농 부동산의 사기' 도 있는 것이 시골 땅의 현실이기에.

●

저자가 제시하는 깨알 같은 정보들 속에서 전략의 백미를 읽는다. 전원에서의 '집 테크'에서 '좋은 집, 나쁜 집, 이상한 집'을 구분하는 안목을 키우는 것도 빼놓을 수 없다. 집을 구하거나 짓는 예산부터 실속 있는 집, 나중에 팔아야 할 일이 생길 때 잘 팔릴 집을 짓는 것은 누구나가 원하는 바 아니겠는가.

나아가 저자는 지속 가능한 귀농귀촌, 전원생활을 위한 재테크와 함께 그 사이 저자가 깨달은 지혜를 제공한다. '6차 산업에서 길을 찾아야 한다'며 6차 산업 선진국 일본의 사례까지 곁들였다.

●

도시생활이 그렇듯이 귀농귀촌도 낭만으로 하는 것이 아니다. '전원생활도 전략이 필요하다'는 저자의 메시지는 모든 전투와 일이 그렇듯 전략전술이 잘못되면 실패하기 십상이라는 점에서 어찌 보면 가장 중요한 울림을 준다 하겠다. 4차 산업 시대에 6차 산업의 미래를 읽어내는 혜안과 전략이 필요한 이유다.

인생의 새로운 장을 펼치기 위해 도전하고 '노오력' 하는 사람들에게도, 자신의 성공을 지속시키려는 사람들에게도, 혹은 제2, 제3의 인생을 열기 위해 새로운 '봄날'을 준비하는 사람들에게도 올바른 전략전술만큼 중요한 것이 있을까.

2.

**찬란한
여름을
맞이하다**

노력이
그대를

_____ 배신할지라도

안데르스 에릭슨 · 로버트 풀, 『1만 시간의 재발견』
스티븐 코비, 『성공하는 사람들의 7가지 습관』

발레의 기본자세에는 플리에와 그랑주테가 있다. 플리에는 발레의 기본 중 기본으로 발뒤꿈치를 맞대고 무릎을 굽혔다 폈다 반복하는 동작이다. 그랑주테는 양발을 교차해 점프하는 것이다.

발레의 대가일수록 겉보기의 화려한 그랑주테보다 플리에 연습을 하루도 거르지 않는다. 도약을 하려면 무릎을 굽히는 법부터 제대로 알아야 하기 때문이란다.

●

언젠가 TV에서 '한여름 밤의 꿈'이라는 발레의 화려한 군무를 본 적이 있다. 해설을 맡은 발레의 대가는 "발레의 생명은 균형인데 그것은 기본의 충실에서 나온다"고 했다. 『1만 시간의 재발견』을 손에 잡은 순간 발레 대가의 해설이 떠올랐다. 아마도 '재발견'의 맥락과 통하지 않을까 싶었다.

한때 '3점 슛의 귀재'로 한국 농구를 휘어잡았던 이충희 선수는 일반 선수들보다 시력이 안 좋았다. 그럼에도 '천하의 이충희'가 될 수 있었던 것은 농구의 길로 들어선 이후 하루도 빠짐없이 공식 연습이 끝난 후면 혼자서 자유투 연습을 피나게 했기 때문이다.

그건 또 다른 농구 귀재 허재, 프로야구 스타 이대호, 피겨의 여왕 김연아, 역대 올림픽 금메달을 휩쓴 대한의 궁사들까지, 정상에 선 모든 이들에게 해당되는 '불변의 법칙'일 것이다.

●

'1만 시간'을 논하는 전문가들의 요지는 간단하다. '한 가지 일에 꾸준히, 열심히 1만 시간을 투자하면 누구나 대가가 될 수 있다'는 것. 하루 8시간을 기준으로 하면 1,250일, 3년 4개월이다. 본업 외의 자투리 시간으로 '10년'을 볼 경우 날마다 꼬박꼬박 약 165분(2시간 35분)을 투자하는 결과다.

문제는 결과다. 같은 1만 시간을 투자했는데 어떤 사람은 성공하지만 어떤 이는 그렇지 못하는 게 현실이다. 어떤 이는 2,000~3,000 시간에 이루는 결과를 어떤 이는 7,000~8,000 시간이 걸리기도 한다.

그러므로 법칙으로서 '1만 시간'은 정량적인 수치가 아니라

'꾸준히, 열심히 한다' 는 정성적 수치다. 한 가지 일을 충실히 노력하되 발상의 전환(다르게 하기) 같은 전략이 필요하다.

●

이 책의 저자들은 '타고난 재능' 이란 없다고 말한다. 대부분의 성취는 학습과 훈련으로 달성 가능하다. 물론 키 작은 사람이 농구선수로 불리하거나 180센티미터가 넘는 사람이 세계적인 체조선수로 성공하기란 거의 불가능하겠지만, 수십 년 동안의 연구에서 나온 분명한 메시지는 '탁월한 재능을 지닌 사람들의 성취에서 유전적 자질이 어떤 역할을 하든, 그들이 가진 핵심 재능은 우리 모두 가지고 있다' 는 것이다.

누구나 노력과 성실함으로 자신이 원하는 바를 성취할 수 있다는 것인데, 그러기 위해서는 전략이 필요하다. 저자들이 연구에서 알아낸 전략의 비결은 '의식적인 연습' 이다.

●

아마추어와 프로의 결정적 차이는 바로 '목적의식 있는 연습의 차이' 다. 프로는 컴포트 존을 벗어나 최대치의 노력을 기울이는, 무수히 반복되는 고통의 과정을 거쳐 심적 표상을 얻고 활용하는 경지에 이른다.

그러려면 '인간의 능력은 유전적 특성에 의해 제한된다. 열심히, 노력만 하면 반드시 실력이 향상된다' 는 통념부터 버려야 한다. 올바른 접근 연습이 필요한데 베트남 전쟁 때 미국 전투기 조종사들의 전투능력을 극도로 끌어올렸던 탑건 스쿨 프로그램과 일반 직장인, 의료진을 대상으로 한 실험의 결과, 연습에서 가장 중요한 것은 '피드백' 이었다.

다음은 '혼자서 끙끙대지 않는 것' 이다. 성취하고자 하는 분야에서 나보다 앞선 고수(좋은 선생)를 찾아 배워야 한다. 그가 반드시 최고일 필요는 없으나 자신의 노하우를 가르칠 기술과 경험은 있는 사람이라야 한다.

좋은 선생을 만났다면 '배우는 시늉이나 하지 말고 몰입' 해야 한다. 이는 '집중, 피드백에 따른 개선, 반복' 을 의미한다.

●

몰입이 최고조에 달하는 심리적 상태가 바로 무아지경, 황홀경이다. '목적 있는 연습' 의 필요성을 입증하기 위해 저자들이 동원하는 다양한 실험 결과와 비범한 사례들은 사실 우리가 쉽게 접해왔던 불광불급不狂不及 미치지 않으면 미치지 못한다과 맥락을 같이한다.

열심히 하는 사람이 즐기는 사람을 못 해보고, 즐기는 사람이 미친 사람을 못 해본다는 것은 익히 알려진 진리가 아니겠는가.

●

인생은 늘 평탄하거나 꽃길만 걷는 것은 아니어서 무시로 자갈길도 만나고 굽은 길도 만난다.

그러나 차동엽 신부가 『무지개 원리』에서 이야기한 것처럼 포기하지 않는 것, 그 자체에 노력의 의미가 있다. 중국 대나무는 물과 거름을 줘도 4년 동안은 미동도 하지 않다가 5년차가 되면 6주 동안 30미터가 큰다. 이 대나무는 사실 5년 동안 30미터를 자란 것이다.

『1만 시간의 재발견』에 나오는 핵심 메시지는 토끼와 거북이의 달리기 경주처럼 '열심히, 그러나 올바른 방법으로 노력하는 둔재가 게으른 천재를 이긴다' 는 것이다. 정상에 오르는 지름길은 재능이 아니라 '올바른 연습' 이라는 것이다.

1994년에 초판이 나온 이래 자기계발서 신드롬을 일으킨 고전 『성공하는 사람들의 7가지 습관』은 자기 혁신의 밑그림을 그려볼 수 있게 해준다.

스티븐 코비 박사가 권하는 '자신의 삶을 주도하라, 마지막을 생각하고 일을 하라, 소중한 것을 먼저 하라, 배려하고 공존을 꾀하라, 시너지를 추구하라, 끊임없이 쇄신하라' 라는 메시지들은 어찌 보면 뻔해 보이지만, 이 책은 워크북을 통해 체계적인 방법을 체득하고, 각오를 다지고, 어느 한 습관이라도 획득해 보려는 의지를 다지게 해준다.

●

혹시 지금의 당신 자신이 마음에 들지 않는가? 지금보다 더 성공하는 미래를 위해 뭔가 변해 보고 싶은가?

핀란드의 세계적 사진가 아르노 라파엘 밍킹넨이 어느 사진학교 졸업식에서 한 연설이 인터넷에서 회자된 바 있다. '성공하고 싶다면 지금 타고 있는 버스에서 내리지 말라'는 것이다. 얘기인즉슨 '헬싱키 버스터미널에는 24개의 장거리 버스 노선이 있다. 버스가 헬싱키를 벗어나기 전까지는 노선이 모두 같은데 어느 버스를 타더라도 나보다 앞선 '고수'가 이미 저 앞에 있다. 그때마다 포기하고 다시 터미널로 돌아와 다른 버스 타기를 반복하다 보면 날 새고 만다. 버스에서 내리지 말고 무조건 헬싱키를 벗어나라. 버스들은 그때서야 각자의 노선을 달린다. 비로소 당신만의 세계가 열린 것'이다.

'한 우물을 파라. 구르는 돌에는 이끼가 끼지 않는다'는 우리 속담이 있다. '버스에서 내리지 않고 끝까지 가다보면 어느 순간 세상이 나를 위해 만들어놓은 길과 만나게 된다'는 것이 인생을 먼저 산 선배들의 이구동성이다.

웨이슈잉, 「하버드 새벽 4시 반」

옛말에 '다 무시해도 젊은 사람은 무시하지 말라'고 했다. 지금은 비록 대단치 않더라도 나중에 그가 어떤 사람이 될지는 아무도 모르기에 그렇다. 신이 공평한 것 중 하나는 인간인 누구도 그의 미래를 알 수 없게 했다는 것이다. 그러니 오늘 조금 힘들고 어렵더라도 장대한 미래가 올 것이란 희망을 버리지 않는 것 또한 삶을 올바르게 대하는 철학이자 의지이다.

●

그럼에도 매너리즘이나 무기력증에서 헤어나오기 어려운 슬럼프는 있게 마련이다. 슬럼프가 길어질 때 좋은 자기계발서는 스테로이드 호르몬 주사처럼 '순간 동력'을 발진시키는 순기능이 분명히 있다.

경기가 어렵고 불투명할수록 자기계발서가 많이 읽히는 것은 1990년대 말 IMF 위기 때도 증명됐던 바다. 어려움에 처해 희망과 용기를 잃지 않으려는 사람이 자기계발서에서 마지막 힘을 얻게 된다면 몇 푼의 책값이 아까울 수는 없다.

그러나 타인의 성공 스토리를 주로 다루는 자기계발서를 지나치게 신봉할 필요는 없다. 자기계발이란 삶을 대하는 철학과 의지의 문제이지 테크닉이 아니기 때문이다.

●

필자 역시 몹시 어려웠던 때가 있었다. 그때 필자가 좌절하거나 지레 포기하지 않도록 큰 힘을 주었던 책이 바로 차동엽 신부의 『무지개 원리』였다. 지금도 그 책에 들어있던 '이광 열전, 중국 대나무, 사막의 꽃, 5미터만 더' 등의 '과학적 실례'들이 기억에 선명하다.

그때부터 필자의 명함 뒷면에는 '나무에 앉은 새는 나뭇가지가 부러지는 것을 두려워하지 않는다. 그건 나뭇가지를 믿어서가 아니라 자신의 날개를 믿기 때문이다. 날개는 누가 달아주는 것이 아니라 스스로의 몸에서 나온다' 는 금언이 선명하게 새겨졌다. 지금까지도.

●

신대륙의 사나이들이 서부로 금광을 찾아 떠났던 골드러쉬 때의 일화가 있다. 황금을 찾아 죽을 힘을 다해 바위산을 깨던 사람이 끝내 포기하고 돌아선 다음 날, 그곳에 새로 도착한 다른 사내의 첫 곡괭이질에 노다지 금맥이 터진 것이었다. 이름하여 '오늘 네가 마지막 곡괭이질을 포기하고 떠난 그 자리가 내일 오는 다른 사람에게 노다지가 될 것이다' 는 말이다.

이것에 대한 메시지는 파울로 코엘료의 베스트셀러 소설 『연금술사』에도 나온다. '간절히 원하면 온 우주가 나서서 돕는다. 마지막 곡괭이질을 포기하지 않으면 끝내 신이 개입해 금덩이를 던져주는 것' 인데, 힘겨운 사람들은 이런 글을 읽으면서 마침내 '포기는 배추를 세는 단위' 로나 알게 되는 것이다.

●

불멸의 영화 〈빠삐용〉에서 살인죄 누명을 쓴 주인공 빠삐용이 악마의 섬에서 탈옥을 주저하는 사이 꿈을 꾼다. 죽은 빠삐용이 옥황상제 앞에서 유죄판결을 받는다. 죄목이 뭐냐는 빠삐용의 질문에 옥황상제는 "시간을 낭비한 죄"라고 답한다. 식은 땀을 흘리며 꿈을 깬 빠삐용은 탈옥을 결심한다.

'청춘에게 들려주는 성공 습관'으로 스테디셀러 자리를 굳힌 『하버드 새벽 4시 반』의 204페이지에 빠삐용의 저 메시지가 들어 있다. '시간을 낭비하는 것은 가장 큰 죄악. 하버드는 시간을 중시하는 교육을 강조한다'고 강조한다.

●

새벽 4시 반, 하버드 도처를 밝히는 전등빛이 던지는 무언의 메시지는 '행운은 눈 먼 소경이 아니다. 그는 늘 부지런한 사람만 쫓아다닌다. 기회는 꼬리가 없는 화살이다. 일단 지나가면 뒤에서는 붙잡지 못한다. 준비된 사람만 기회를 잡는다'는 황금률이다.

물론 이 황금률은 『정의란 무엇인가』로 유명한 마이클 샌델 교수가 하버드대학 강연에서 '머리만 좋고 노력을 안 하는 사람은 차라리 머리가 나쁜 것보다 못하다'고 했던 말과 일맥상통한다.

380년 역사의 하버드 출신 명사가 누구누구인지 나열하는 것은 유대인 천재들을 일일이 나열하는 것처럼 부질없다. 미합중국 대통령 8명과 노벨상 수상자 40명이 그 학교에서 나왔다는 것도 사족이다. 그들은 왜, 어떻게, 무엇을 하기에 그럴까? 그들이 추구하는 진정한 삶의 가치는 무엇일까?

그 정답이 이 책에 들어 있다. 하버드의 박사과정 학생들은 사흘에 한 권씩 5센티미터 두께의 책을 읽고, 수만 단어의 리뷰를 써낸다. 그들은 '한 평의 밭에서는 딱 한 평만큼의 수확만 가능하다. 그러므로 밭의 평수를 늘리는 것이 왕도' 라는 것을 알기 때문이다. '자기관리와 통제의 신' 으로 불리는 빌 게이츠 역시 하버드 중퇴생이다.

●

이 책은 다음과 같은 10개의 키워드를 던진다.

'노력, 긍정, 열정, 행동, 공부, 고정관념, 시간, 자기관리, 꿈, 기회'. '꿈을 키우며 노력하라. 그러면 반드시 기회는 온다' 는 황금률을 '새벽부터 밤늦도록 노력하고, 노력하는 하버드 사람들' 을 빌어 증명한다.

진정
당신이 원하는

_____ 삶을 찾아서

이기훈, 「장사는 과학이다 - 백년가게 만들기」

한 집 걸러 식당, 한 집 걸러 빵집, 한 집 걸러 치킨집……. 어제 갔던 집이 오늘 문 닫고, 내일 주인과 업종이 바뀌어 또 문을 여는 현실에 겁이 더럭 난다. 입버릇처럼 말했던 '장사나 하지, 농사나 짓지'도 막상 닥친 현실에서는 절대로 만만한 일이 아닌 것이다. 청년은 청년대로, 중년은 중년대로, 길어진 노년기에 노년층은 노년층대로 '원하는 삶'과 '먹고 살아야 하는 삶' 사이에서 방황한다.

- 장기화되는 높은 청년 실업률도 문제지만, 먹고 사는 현실에 대한 고민과 막막함은 모든 세대를 아우른다. 베이비부머 세대들의 은퇴와 명퇴가 줄을 잇고 있는데, 명색이 100세 시대여도 여전히 부양해야 할 가족과 노후 준비 때문이라도 가만히 앉아 있을 수가 없다.

특별한 기술이나 전문 자격증 하나 없는 마당에 그나마 해볼 만한 것은 '장사' 뿐이라고 생각하기 십상이다. 그런데 쉽지 않다. 철저한 준비도 없이 섣불리 장사에 뛰어들었다가 알토란 같은 퇴직금만 날렸다는 사람들 이야기에 급해지는 마음과 달리 몸은 안개 속이다.

●

『장사는 과학이다-백년가게 만들기』의 저자 이기훈 씨는 지난 10년 동안 식당을 하면서 "두 번째 인생의 시작은 절대 낭만적이지 않고, 목숨을 걸고 해도 부족하다"는 것을 깨달았다고 한다.

신문기자를 하다 여의도 정치권 언저리에서 서성이던 그는 정치 낭인의 길을 박차고 나와 '최가네 생두루치기' 라는 전문 식당을 열었다. 서울의 구로 디지털단지 점을 시작으로 여의도, 일산, 선릉 등 다섯 개의 직영점을 내 모두 대박 집을 만들었다. 정치권에 있을 때 꿈꾸었던 상생과 공생의 사회를 앞서 실현하기 위해 스스로 헤쳐나온 10년의 성공 스토리와 시행착오의 경험을 뒤따르는 사람들에게 들려주기 위해 이 책을 썼다.

●

20년 넘게 소자본 창업 컨설팅을 해온 창업전략연구소 이경희 소장은 평소 "자신이 가장 잘 알거나, 잘할 수 있는 분야에서 이것저것 철저하게 알아본 후 창업을 해도 성공하기가 쉽지 않다. 그런데 안 그럴 것 같지만 자신이 잘 모르는 분야에 사전 검토마저 제대로 안 된 상태에서 본사의 좋은 말만 받아쓴 신문기사나 남의 말만 믿고 덜컥 창업에 나서는 사람들이 의외로 많다. 실패의 지름길이다"고 말한다.

공동묘지에 핑계 없는 무덤 없듯이 어떤 일, 어떤 사업이든 성공한 사람에게는 성공할 수밖에 없는 이유가 있고, 실패한 사람에게는 실패할 수밖에 없었던 이유가 있다. 성공의 이유 중 첫째는 두말이 필요 없다. 철저한 사전준비(검토)다.

저자 이기훈 씨는 여기에 덧붙여 '검토 피로' 에 따른 '덜컥 수' 를 조심하라고 충고한다. 상권 분석과 입지 결정을 위해 그 지역에 적어도 몇 개월을 상주하며 점심 저녁으로 몇 바퀴를 돌아본다. 그런데 발품을 팔수록 몸은 고되고, 검토를 오래할수록 판단은 흐려진다. 팔아야 할 가게라면 문제가 있어 내놨을 텐데 뭐가 문제인지 모르겠고, 검토가 길어질수록 변수들이 정리되기보다 실타래처럼 얽히기 때문이다.

장고 끝에 악수 둔다고 마음이 급해지다 보니 '아무리 봐도 그게 그거 같은데 대략 조건이 맞는 거기로 그냥 결정해버릴까' 하는 생각이 자신도 모르게 떠오른다. 이 책에서 말하는 '검토 피로' 다. 저자는 이렇게 충고한다.

"원래 검토란 그렇게 지루하고 피곤한 과정이다. 자신에게 맞는 점포, 보다 나은 점포는 반드시 나타나게 되어 있다. 마지막 집중력이 운명을 결정한다. 최종 결정의 순간까지 긴장을 늦추지 마라."

●

경험 없는 이론은 공허하고, 이론 없는 경험은 위태롭다. 철저하게 저자 자신의 경험을 바탕으로 입지 분석부터 간판에 이르기까지 성공 요소들을 꼬치꼬치 밝히는 '과학적 장사 이론'이 더없이 값진 이유다. 성공한 사람 똑같이 따라 한다고 성공이 보장되는 것은 아니지만 그 경험을 자세히 들여다보는 것은 준비의 첫걸음이다.

후지하라 가즈히로, 「먹고 사는 데 걱정 없는 1% 평생 일할 수 있는 나를 찾아서」

'먹고 사는 데 걱정 없다'는 것이 참 환상적인 말이다. 사실 우리 모두가 날마다 꿈꾸는 로망이 아니던가. 하느님, 부처님보다 높다는 '건물주'가 요즘 많은 사람들의 꿈이 되어버린 것처럼.

●

　『먹고 사는 데 걱정 없는 1% 평생 일할 수 있는 나를 찾아서』의 저자 후지하라 가즈히로는 베스트셀러『인생의 교과서』시리즈 등으로 상당한 지명도를 얻고 있는 저자이다. 그리고 직장의 변신이 좀 '특별한' 사람이다.
　그는 도쿄대학 경제학부를 졸업하고 인재 채용 대행회사(헤드헌터)인 리쿠르트사에 입사해 발군의 실력을 발휘했다. 여기까지는 특이한 이력이 아니다. 그런데 48세가 되던 2003년 도쿄 도내 최초로 구립중학교의 민간인 교장으로 변신한다. 지금도 저자는 나라의 한 시립고등학교 교장으로 재직 중이다.

●

　저자 소개의 첫 타이틀은 '교육개혁 실천가'다. 아마도 저자는 리쿠르트사에 재직하는 동안 일본의 교육개혁안에 대해 꾸준히 자기 목소리를 냈고, 그게 사회적 설득력을 얻어 최초의 민간 교장이 되지 않았을까 싶다.
　만약 그랬다면 그건 상당히 특별한 일이고, 쉽지 않은 일이다. 뒤따르는 후배들에게 '먹고 사는 데 걱정 없는 1% 평생 일할 수 있는 나를 찾'는 길을 안내할 자격이 충분하다 할 것이다. 그냥 '1%'라고 하면 막연히 도달하기 어려운 수치라 지레 좌절할 수도 있겠다. 100명 중 1명이나 1,000명 중 10명은 좀 어렵게 보인다. 100만 명 중 1만 명이라면 어쩐지 불가침의 영역일 것 같지만은 않아 보인다. 그런데 저자가 제시하는 '7단계 판정차트'를 보면 1%에 드는 일이 훨씬 쉬워 보인다.

저자는 정점에 있는 사람들의 타입을 '4가지 방식'으로 나눈다.

(A) 경제적 가치(소득)를 중시하는 권력 지향의 CEO 타입

(B) 경제적 가치를 중시하는 프로(독립) 지향의 개인사업가 타입

(C) 경제외적 가치(가족, 명예 등)를 중시하는 권력지향의 공무원 타입

(D) 경제외적 가치를 중시하는 프로 지향의 연구자(마니아) 타입

쉽게 대비시키자면 'A는 기업체 직원, B는 변호사, 회계사 등 전문가나 자영업자, C는 공무원(공공기관), D는 자신이 즐기고 잘 하는 일에 몰두하는 프리랜서'에 해당된다.

어느 타입이 더 좋다, 나쁘다 우열을 가리는 것은 의미가 없지만 요즘은 권력 지향과 소득보다 경제 외적인 가치와 자신이 좋아하는 일로 승부를 보려는 C, D 타입의 사람이 늘고 있는 추세다.

물론 일본의 추세이긴 하지만 우리나라의 대부분 추세 그래프가 일본을 뒤따라간다는 것을 고려하면 우리에게도 매우 의미 있는 일이다. 단, C 타입은 현재 일본과 우리의 인식과 평가

가 다르므로 '공무원'이라는 직업의 의미를 좀 넓게 해석할 필요가 있다.

●

저자가 분석한 1%에 이르는 7개의 계단은 특별한 능력의 소유자들만 오를 수 있는 난코스가 아니라 누구든 의지만 있으면 오를 수 있다는 것이 이 책이 우리에게 주는 '희망'이다. 출발선에 있는 3개의 계단은 4타입 모두에게 공통으로 해당된다.

> 1단계, 도박을 하지 않으면 통과.
> 2단계, 전철만 탔다 하면 무조건 모바일 게임부터 하는 사람은 탈락.
> 3단계, 책을 한 달에 한 권 이상 읽으면 통과.

아마도 대부분의 독자들은 3단계까지 통과했으리라 추측된다. 혹시 탈락자가 있더라도 지금부터 습관을 바꾸면 곧바로 통과할 수 있지 않겠는가?

저자는 이와 같은 공통 3단계와 4타입 별 각각 4단계, 총 19가지의 조건과 통과 방법론을 제시한다.

●

결론적으로 21.4:1이라는 천문학적 경쟁률을 기록한 전국 16개 시도 지방공무원 9급 공채에 합격한 1만 명이나 '삼성전자'

입사에 성공한 소수의 수퍼 엘리트가 아닐지라도, 결코 절망할 필요가 없다. 이것이 저자가 제시하는 '인생 교과서' 다.

라르스 다니엘손, 『스웨덴은 어떻게 원하는 삶을 사는가』

인구 1,000만 명이 채 안 되는 나라. 북반구의 추운 나라. 연속극 '말괄량이 삐삐', '댄싱 퀸'과 '맘마미아'의 그룹 '아바 ABBA', 자동차 브랜드 '볼보Volvo'의 나라. 명품 생활용품과 패션 브랜드들을 가진 나라. 그리고 '요람에서 무덤까지'의 사회복지가 뛰어난 나라. 스웨덴을 설명하는 말들이다.

●

재러드 다이아몬드는 『총, 균, 쇠』에서 "북유럽 사람들은 혹독하게 추운 겨울 같은 외부 문제를 해결하는 일반적인 방법이 '협동'임을 일찌감치 깨달아 똘똘 뭉쳐야 했다"고 밝혔다. 서로를 배려하며 껴안지 않으면 모두 공멸한다는 위기의식이 역으로 지구상에서 가장 진보된 사회를 만들었다.

때문에 행복지수, 민주주의, 복지, 사회 안전망, 평등, 공평, 공정 같은 좋은 가치의 말들 앞에서는 늘 선두를 뺏기지 않고 있는 북유럽, 일명 노르딕 국가들의 현황을 다룬 『우리는 미래에 조금 먼저 도착했습니다』 같은 책들이 꾸준히 나온다. 이 책의 부제는 '북유럽 사회가 행복한 개인을 키우는 방법' 이다.

『스웨덴은 어떻게 원하는 삶을 사는가』역시 같은 맥락의 책인데 특히 스웨덴의 현실에 집중했다.

●

23살 여대생 모아 스트리드스베리는 같은 학교에 다니는 남자친구와 학생 아파트에서 동거 중이다.

"제 생각에 스웨덴의 가장 큰 장점은 가정환경과는 상관없이 자신의 노력만으로도 성공할 수 있다는 것입니다. 가족이나 배경이 아닌, 스스로 무엇을 이루느냐가 중요하죠. 다른 사람의 일에 간섭하지 않는 스웨덴 사람들의 성향도 장점이라고 생각합니다."

출산율이 우리보다 훨씬 높은 이 나라는 아빠의 육아휴직과 양성 평등도 뛰어나다. 미혼모나 미혼부가 전혀 불편하지 않다. 동성애도 떳떳하다.

스웨덴 사람과 지방자치단체, 정부는 대규모 난민들에게도 관대하다. 사회복지사, 간호사, 교사, 자원봉사자들이 각자의 자리에서 성심껏 난민들의 정착을 돕는다. 그럼에도 안전과 복지가 뛰어나고, 공공임대주택이 제공되고, 부모 모두가 육아휴직을 사용하되 복직한 후에도 여건에 맞는 보육 서비스를 제공받을 수 있어 일과 가정의 양립에 어려움이 없다.

●

스웨덴 사람들 중 6.3%만이 자기가 행복하지 않다고 생각한다. 스웨덴 사람인 것이 자랑스럽지 않다고 생각하는 사람은 3.6%, 사회가 공정하지 않다고 생각하는 사람은 16.1%로 낮은 비율이다.

이런 정도의 나라였기에 '노벨상'을 시상할 자격이 생겼나 보다. 모두 잘 알겠지만 노벨상은 스웨덴의 발명가이자 기업가인 노벨의 유언에 따라 제정되어 물리학, 화학, 생리의학, 문학, 평화, 경제학 등 6개 부문에서 인류문명의 발달에 공헌한 사람이나 단체를 선정하여 수여하는, 전 세계 최고 브랜드의 상이다. 참으로 멋지고 부러운 나라가 아닐 수 없다.

●

인류 역사 이래 약자의 권익 신장을 위한 투쟁과 노력은 계속됐고, 그러면서 조금씩 진보해왔다. 최근 '페미니즘'이 사회적 이슈가 되고 있지만, 폭발적인 민주적 인식의 확장으로 오랜 가부장제 문화 때문에 남녀차별이 많았던 우리의 전통문화에 대한 여성들의 반기가 이전보다 거세진 것뿐이다. 이렇게 쉼 없이 따져야 사회는 한 걸음 한 걸음 진보한다.

한국의 미래가 언젠가 스웨덴 같기를, 한국인의 삶이 언젠가 '누구나 원하는 삶을 살 수 있는' 삶이 되기를 바란다.

'입심'과
'글심'으로 내는

———————— 한 판 승부

김웅, 「검사내전」

서울의 대학에 다니던 박사성에게 시골 친구 중식이 불쑥 찾아왔다. 구로공단에 취직하려고 무작정 상경한 것이다. 둘은 다음 날 구로공단 동네 형에게 갔고, 중식은 신나라 레코드사 공장에 취직을 했는데 보직이 완성된 '레코드판 검사' 파트였다.

나중에 철근 대리점 사업으로 성공한 중년의 중식이 그때를 회상하며 "나도 한때는 '판검사' 였지"라고 농을 친다. 필자의 졸저인 코믹소설 『박사성이 죽었다』에 나오는 '판검사' 대목이다.

●

판검사! 그들을 가까이서 겪어보지 못한 사람들에게는 종합적으로 로망 같은 단어일지도 모르겠다. 행정학을 전공했던 필자 역시 대학생 때 아주 잠깐 '고시공부'를 하려고 신림동 고시원에 들어갔었다.

'고시공부를 해야지'라고 마음을 다졌던 배경에는 『다시 태어나도 이 길을』이란 책 때문이었다. 하나같이 절절한 '고시 합격기' 모음집이었다. 혹시라도 학창시절 그 책을 읽었던 사람이 있다면 그 책을 읽는 순간 두근거렸던 심장의 박동을 아직 기억할 것이다. 그만큼 강렬한 책이었다.

그러나 아마 두 달을 못 버티고 신림동 고시원을 나왔던 것 같다. 고시공부 체질이 아니었던 필자는 어마어마한 과목 수에 질렸을 뿐만 아니라 '하루 5시간 자고, 1시간 밥 먹고, 18시간 공부하는 짓을 4년 넘도록 해도 합격할까 말까 한다'는 낙방거사들의 '구라'에 지레 겁먹고 포기했던 것이다.

그러나 대학을 졸업하고 대기업에 취직을 했을 때 '아, 그때 고시공부를 포기하지 말아야 했는데'란 후회가 잦았다. 상사든 거래처든 주로 '을'의 입장에서 스트레스를 만땅 받고서 한잔 술로 시름을 달랠 때 그랬다. '판검사'란 단어는 여전히 로망이었으니까. 그때까지도 그들의 업계 호칭은 '영감'이었으니까.

●

그 '검사'에 대한 로망이 『검사내전』에서 완전히 탈탈 털렸다. 그러나 필자의 소설과 달리 이 책은 소설이 아닌 현실이다. 검사들의 직업적 애환을 통해 그들의 세계를 보다 인간적으로

2 찬란한 여름을 맞이하다

이해하게 된다는 점에서 필자의 소설보다 한 수 위인 책이다.
 이 책의 저자 김웅은 '1979년에 태어나 서울대 정치학과를 졸업한 뒤 1997년 39회 사법시험에 합격하고, 2000년 사법연수원을 수료' 한 현직 인천지검 공안부장 검사다. 굳이 연도를 꼬박꼬박 밝히는 것은 아마도 독자들 중에 필시 '39회 사법시험'에 응시했던 사람도 있을 것이고, 그는 더욱 '검사내전'에 호기심이 일어나리라, 생각해서다.

●

 "벤츠를 벤츠답게 해주는 것은 수천 개의 보이지 않는 나사못들 덕분이다. 검사는 대한민국이라는 거대한 여객선의 작은 나사못이다. 나사못의 임무는 배가 어디로 가는지 걱정하기보다 자신이 맡은 철판을 꼭 붙들고 있는 것이다."

 검사 김웅의 이야기들은 자기계발서 못지않은 인생 성찰 또한 가득한 깨달음의 책이다. 그의 첫 이야기 '사기 공화국 풍경-사기꾼은 목숨 걸고 뛴다' 편은 '시속 120킬로미터로 질주하는 치타가 80킬로미터의 톰슨가젤 사냥에 실패하는 이유, 다리를 다친 토끼를 사냥개가 놓친 이유'로 시작한다. 가젤과 토끼에게는 '목숨이 달린 달리기'라서 그렇다. 사기꾼에게 걸려들면 당할 수밖에 없는 까닭이다.
 김웅 검사의 처방은 간단하다. '세상에 공짜는 없다!'는 것만 명심하면 된다.

●

　이 책의 추천사를 쓴 이는 『대리사회』, 『나는 지방대 시간강사다』의 저자 김민섭이다. 그에게는 김웅 검사와 비슷한 경로를 밟은 고등학교 친구 검사가 한 명 있다. '문학청년' 이었던 김민섭의 글발이 만만찮지만 그 친구의 문장력이 그에 뒤지지 않았다. 김민섭이 '아, 공부 잘하는 놈들은 원래 문학도 미술도 음악도 다 잘하는 거구나' 라 실토할 만큼 검사가 될 친구는 글도 잘 썼다.
　박사가 된 김민섭이 어느 날 허름한 고깃집에서 그 친구 검사를 만났다. '검사들은 손님을 쫓는 사람들' 이라 주로 손님이 많지 않은 청사 부근의 허름한 집을 선호한다. 그런데 친구의 눈매가 예전과 다르게 무섭다. "야, 너 눈이 왜 그래?" 라 묻자 친구는 '픽' 인지 '씨익' 인지 모르게 웃으며 "미안, 나쁜 놈들을 너무 많이 봤어. 걔들하고 같이 있으면서 눌리지 않으려다 보니까 눈이 걔들을 닮아가는 것 같아"라고 뱉었다. 김민섭은 '몹시 슬퍼졌다' 고 고백한다.
　그 고백의 연장선상에 김웅의 『검사내전』 추천사가 있다. 그러니까 이 책은 '화려한 검사' 이야기가 아니라 '슬픈 검사, 인간적인 너무나 인간적인 검사' 이야기인 것이다.

다카하시 겐타로, 「지지 않는 대화」

낭중지추囊中之錐. 호주머니 속의 송곳은 드러나게 돼 있고, 진실이 결국은 이기게 될 것이라고 한다.

하지만 현실이 항상 그런 것은 아니다. 말을 어떻게 하느냐에 따라 검은 돌을 흰 돌이라고 우겨도 먹히는가 하면, 흰 돌을 희다고 했는데 불합리한 사람으로 몰리는 일이 다반사다. 원인은 자신의 주장을 조리 있게 펼치지 못하거나 상대방 주장의 오류나 허점을 간파해 지적하지 못하는 데 있다.

●

최초로 민주주의를 '발명' 했다는 그리스와 그 뒤를 이으며 오늘날 유럽의 뼈대를 갖추었던 로마 시대에는 대화나 연설을 기막히게 함으로써 상대나 대중을 설득해 자신의 주장을 관철시키는 수사학, 변론술이 중요할 수밖에 없었다. 마이크와 스피커는 물론 오늘날 같은 대중매체가 없어 육성으로 대부분의 의사소통이 이뤄졌을 당시에 정치, 사회적으로 중요한 안건의 결정은 특정한 장소에 모인 특정한 사람들의 '말싸움' 으로 이뤄졌을 것이기 때문이다.

그런 환경에서 남다른 변론으로 자신의 주장을 관철시키려면 머릿속에 든 지식의 양도 중요했기에 기억술도 함께 발전했다. 그러다 동양에서는 고려의 『직지심체요절』, 서양에서는 구텐베르크의 금속활자가 나와 책이 대량으로 생산, 유통되면서 기억술은 사라진 대신 변론술은 기세가 더욱 등등해졌다.

●
지금과는 환경이 많이 다른 고대 그리스의 아리스토텔레스가 왜 변론의 대가일까?

그 답은 일본인 작가 시오노 나나미의 명저 『로마인 이야기』를 읽으면 쉽게 나온다. 당시 로마를 이끌던 지식인과 정치인들은 아고라(광장)에 모여 수시로 격렬한 토론을 벌임으로써 여론을 자신에게 유리하게 이끌었다. 아고라에서 아테네의 청년들을 향해 '너 자신을 알라' 고 소리치다 '악법도 법이다' 며 독배를 마셨던 소크라테스의 말발이 플라톤을 거쳐 아리스토텔레스에 이르러 『변론술』이라는 책으로 완성됐다.

정복왕 알렉산드로스의 스승이기도 했던 아리스토텔레스가 아테네 교외의 리케이온 광장에 세운 학원에는 날마다 스승과 제자들 사이의 대화와 토론이 넘쳤다. 그 제자들에게 읽혔던 책이 아리스토텔레스의 『변론술』이었는데 2300여 년이 지난 지금에도 변론의 고전으로 우뚝하다.

그러나 시대의 변화와 고대 언어의 난해함으로 인해 우리나라에는 제대로 된 번역서마저 없는 게 현실이다. 일본인 고전 입문 집필가가 현대적 상황에 맞는 내용들만 간추려 번역한 책이 바로 『지지 않는 대화』다.

● 많이 안다고 해서 설득력 있게 말을 잘하거나 글을 잘 쓰는 것은 아니다. 옳은 소리를 한다고 해서 상대방이 반드시 옳다고 인정해주는 것도 아니다. 심지어 상대방의 그른 소리가 옳은 소리로 둔갑해 나의 옳은 소리를 그른 소리로 만들어버리기도 한다. 정의와 진실이 끝내 승리하거나 역사가 증명할지는 몰라도 그것을 기다리기엔 현실의 경쟁이 너무 급박하다.

결국 주장의 옳고 그름보다 먼저 필요한 것이 '효과적인 설득의 기술' 이다. 고로 아리스토텔레스로부터 배우는 변론술인 『지지 않는 대화』는 무수한 경쟁자들 사이에 나를 뽑아달라는 신입생과 신입사원, 무수한 상품 중에 내 것을 사달라는 영업사원, 쟁쟁한 '입' 들 사이에 나를 뽑아달라는 정치인, 하다못해 집안 대소사로 말싸움을 벌이는 부부에게마저 '승리' 를 위한 최종병기다.

● 『지지 않는 대화』 중에서도 3장 '말하는 내용으로 승부 보기' , 4장 '듣는 사람의 기분 유도하기' , 5장 '나의 인성을 훌륭한 것처럼 연출하기' 가 상당히 구체적이고 정밀하다. 이들 3개 장은 '나의 말을 효과적으로 펼치는 방법' 들이다. 마지막 6장 '궤변 전략, 스스로를 지키는 법' 은 상대방의 궤변을 간파해 거기에 휘말리지 않을 방법론이다.

유념할 것은 '토론이란 무조건 이겨야 하는 전투가 아니라 더 좋은 결론을 유도하기 위한 수단'이라는 아리스토텔레스의 가르침이다.

그러므로 나와 의견이 다르다고 해서 버럭 화부터 내거나, 상대가 틀리다며 토론 자체를 회피하는 것은 토론의 기본을 벗어나는 행위다. 나의 오류를 인정하고, 상대의 오류를 잡아내 설득함으로써 양자에게 최대한의 결론을 이끌어내는 것이 진정한 토론이다. 그러려면 더더욱 상대의 궤변에 놀아나는 일이 없어야 한다.

●

격론의 시대. 오늘 우리 부서 회식 메뉴는 치맥이냐 삼겹살이냐부터, 대한민국 헌법을 고쳐야 할지, 고친다면 어떻게 고쳐야 할지까지 크고 작은 말과 말이 튀고 넘친다.

도처 경쟁이 치열해지다보니 '말발'이 출발선이다. 대학 입시나 대기업의 인재 채용도 '품행이 방정하고, 성실근면한 자'에서 '창의력을 갖춘 자'로 바뀐 지 오래다. 창의력을 재보기 위해 대학은 논술, 구술에 입시사정관까지 두고 있고, 대기업의 면접기법도 복잡해지지만 알맹이를 까보면 결국 '입심, 글심'이다.

글이든 말이든 상대방을 얼마나 잘 설득하느냐가 관건이다.

어떻게
행복에

_____ 이를 것인가?

스티븐 존슨, 『원더랜드』

　오래 전, 서울에서 멀리 떨어진 곳에 '오로지 재미있게 놀기 위한 것'만을 목적으로 하는 ㅇㅇ랜드가 처음 생겼을 때, 많은 사람들은 '저게 과연 될까?' 의심했다. 하지만 지금은 그런 '원더랜드'가 전국에 널려 있다.

●

　환영幻影, Illusion은 '유령'을 파는 것에서 시작해 마술이나 영화를 거쳐 SF, 판타지 소설로 이어져왔다. 18세기 초 슈뢰퍼라는 독일의 젊은이는 유달리 '공포의 재미'를 즐겼다. 그는 아예 커피하우스의 당구실에 '귀신 체험 극장'을 차렸다. 그가 즐기다가 우연히 생각해 낸 오락의 형태가 엄청난 규모의 공포를 파는 시장으로 발전했다. 체스, 바둑, 장기, 마작 등으로 시작됐던 인간의 승부근성과 쾌감이 담긴 '게임'은 더 말할 필요가 없겠다.

스티븐 존슨의 『원더랜드』는 순전히 어떤 재미와 놀이가 주는 쾌락에 미치는 것이 결과적으로 인류의 문명을 발전시켜왔다는 뜻밖의 역사적 분석을 제시한다. 부제도 '미래를 보고 싶다면 가장 신바람 나게 노는 사람을 주목하라'다.

●
저자가 말하는 쾌락에는 음주, 도박, 마약은 물론 인류가 가장 당연시해야 할 쾌락인 '성행위'가 빠져 있다. 저자는 '인류에게 성행위는 필수품이지 사치품이 아니다. 이 책에서 다룰 쾌락의 역사는 성보다 실용성이 떨어지는 어떤 쾌락에 관한 이야기'라고 분명히 선을 긋는다. 저자가 분석한 비실용적 쾌락은 '패션&쇼핑, 음악, 맛, 환영(유령), 게임(도박이 아님), 놀이터'에 있었다.

흔히들 웃자는 말로 '여자가 화장을 할 때, 백화점에서 옷을 고를 때, 기다리는 남자는 환장을 한다'는 말이 있다. 아름다움은 그만큼 인류가 추구하는 중요한 가치다. 5만 년 전 인류의 조상이 처음 옷을 만들고, 얼굴에 치장을 했던 목적은 분명 실용적이었을 것이다.

그러나 페니키아 남부 티르Tyre 지방에서 바다달팽이의 분비물을 이용한 자주색 염료 티리언 퍼플 tyrian purple가 생산되면서 옷은 패션(유행)과 쇼핑(백화점)의 혁신을 가져왔다. 산업혁명의 숨은 주역 역시 '목화'였다. 염색과 봉제의 발전은 아름다움(재미 & 쾌락)의 취향을 발견했고, 유행을 유행시켰다.

●

 인류의 보편적 쾌락으로 뺄 수 없는 것이 적당한 음주가무다. 술, 노래, 춤인데 술과 춤은 노래(음악)가 있어야 제대로 성립된다. 배고픔을 해결하는 것과는 전혀 거리가 멀었던 음악을 오직 '재미' 로 즐겼던 것이 악기, 작품, 공연 등 오늘날의 거대한 예술 시장을 만들어냈다.

 고래로 동서양 간의 해상, 육상 무역의 중심엔 향신료의 대표 격인 동양권 '후추' 가 있었다. 중세 유럽에서 후추는 너무 비싸 상류층 귀족이나 그 맛을 재미볼 수 있었다. 후추는 로마의 멸망을 앞당겼고, 영국과 청나라 사이 아편전쟁을 일으키기도 했다. '맛' 이야 말로 인류의 역사를 뒤바꾸는 거대한 쾌락이었다. 그러니 좀 바쁘더라도, 가끔은 멀리 내다보는 자세로 재미에 푹 빠져 신바람 나게 놀아보아야 하지 않겠는가?

에마 세팔라, 「해피니스 트랙」

 "책은 우리 내면의 얼어붙은 바다를 깨부수는 도끼여야 한다
 A book should serve as the ax for the frozen sea within us."

- 프란츠 카프카

●

 남다른 경영기법으로 성공한 어느 기업가의 인터뷰 기사를 보게 됐다. "최종 목표가 무엇이냐?"는 기자의 질문에 그 기업가는 다음과 같이 답했다.

 "나는 목표를 세우지 않는다. 그냥 행동Action을 한다. 그럼 그 행동이 다음의 할 일로 나를 몰아간다."

 이 문장은 필자에게 전광석화 같은 깨달음의 계기가 되기도 했다. 이처럼 깨달음이나 행동의 계기를 주는 책이라면 그것은 카프카가 말한 '도끼'임이 분명하다.

●

 자기계발서를 읽어서 상전벽해 할 것 같으면 모든 사람들이 누구나 비슷하게 성공가도를 달리게 될 것이다. 그러나 자기계발서를 열심히 읽는 것과 성공이 등치되지 않는 것이 현실이다. 그럼에도 좋은 자기계발서를 권하는 이유는 그 와중에 어느 한 문장, 한 페이지, 한 장에서 '사람이 확 달라지게 하는 마약'이 숨어 있는 것 또한 사실이라서 그렇다.
 '스탠퍼드대학교가 주목한 행복프레임'을 부제로 내세운 『해피니스 트랙THE HAPPINESS TRACK』의 핵심 메시지는 한마디로 다음과 같다.

"행복해서 웃는 것이 아니라 웃으면 행복해진다."

'포기하지 말고, 죽을 힘을 다해 뛰고, 남다르게 하고, 멀리 내다보라' 는 식의 일반적 자기계발서와는 결이 많이 다르다. 돈과 명예, 권력 같은 것들이 행복과 성공의 조건이 아니라 '자기 자신을 좋아하고, 자기가 하는 일과 방식을 좋아한다면 그것이 곧 성공이다' 는 관점이 세팔라 교수의 행복지수 연구 전체를 지배한다.

● 저자는 책의 서두에서 이렇게 묻는다.

"성공하면 행복해진다는 말은 과연 사실일까?"

물론 대답은 '아니오' 이다. 그가 만난 미국의 수많은 성공인(국회의원, 베스트셀러 작가, 기업인, 월스트리트 금융업자, 명배우 등)들 중에는 심신이 녹초가 되도록 일하느라 노상 스트레스에 짓눌리고, 때론 건강까지 잃는 일이 잦았다. 우리가 이제껏 아는 '성공=행복' 은 완전히 틀렸다. 그걸 깨달아야 비로소 '성공=행복' 이 된다.

물론 그런 사례는 세팔라 교수가 미국에서만 볼 수 있는 희귀한 것들이 아니다. 누가 봐도 성공의 반열에 오른 한국의 베스트셀러 작가, 유명한 연예인, 권력 센 정치인임에도 불면증으로 남모를 고통을 겪고 있는 사람들을 알고 있다. 우리는 그이들이 '성공했기에 행복할 것'이라 생각하지만 실상의 그들은 행복하지 않다.

이럼에도 불구하고 '지금 나는 성공하지 못해서 너무 불행해'라며 스스로를 끊임없이 학대할 것인가?

●

『회복탄력성』의 저자인 연세대 김주환 교수, 혜민 정신건강의학과 우종민 원장, 『인생미답』의 저자이자 스타강사 김미경의 이 책에 대한 추천사 요지는 다음과 같다.

"성공을 위한 마음근력을 위해서는 우선 '지금—여기'에 집중하고 늘 평정심을 유지하는 습관을 지녀야 한다. 스스로에 대한 연민과 존중심을 회복하여 자기 자신과 건강한 관계를 유지하는 것도 중요하다. 그래야만 마음근력과 창의력이 자라날 수 있다.

성공하면 행복해지는 것이 아니라 행복해지면 성공할 가능성이 높아진다. 지금 당장 마음건강부터 챙기어 나와 타인에게 조금 더 친절하자. 실패가 주는 상처로부터 자신을 잘 보살펴야 성공이 따른다."

용광로처럼
뜨거운 화두,

_____ 딸들의 미래

김경집, 『엄마 인문학』

'적폐청산'과 '미투'가 '시대정신'의 쌍두마차로 압축된다. 이들을 '시대정신'이라 하는 것은 우리 사회가 선진국, 성숙한 시민사회로 진입하기 위해서 한 번은 거쳐야 할 '홍역'이기 때문이다. 건국 이래 기득권을 가진 사람들끼리 '짜웅'해오면서 켜켜이 쌓였던 부정부패의 뿌리와 줄기를 들어냄으로써 투명하고 공정한 사회를 만들자는 몸부림이 적폐청산이다.

●
우리 사회의 '미투'의 근원 역시 부정부패보다 더 광범위하게 우리 사회에 만연해왔던 성(젠더) 차별은 물론 학벌, 지역, 빈부, 장애, 소수자 등등의 모든 차별의식을 걷어 내자는 '평등주의'에서 출발한다. 그런데 아주 우연(?)스럽게도 쌍두마차가 걷어내려 용쓰는 인물들이 주로 '남성'이다. 미투는 거의 100%다. 그만큼 남성이 우리 사회 힘(권력, 재력, 체력)의 중심에 있었다는 반증이다.

『엄마 인문학』의 저자 김경집은 서강대에서 영문학과 철학을 전공한 인문학자다. '25년 배우고, 25년 가르치고, 25년 마음껏 읽고 쓰겠다'는 평소 의지를 좇아 가톨릭대학교 강단에 선 지 25년이 되자 미련 없이 자연인으로 돌아갔다. 약속대로 읽고 썼을 뿐인데 인문학 열풍에 다시 연단으로 호출됐다. 대학이 아닌 엄마들이 주로 그를 불렀다. 김경집이 엄마들로부터 환영을 받는 이유는 그의 다음과 같은 주장 때문이다.

"남자들의 조직 사회는 생계와 출세 때문에 경직돼 변화가 어렵다. 그런 남자들 대신 가정의 CEO이자 사관인 엄마들이 나서야 할 때다. 엄마가 행복해야 아이도 행복하다. 변화의 길은 인문학에 있다. 엄마의 서재로부터 섹시한 혁명을 일으키자."

●

그의 책은 어렵거나 머리 아픈 책이 아니다. 저자가 엄마들 앞에서 쉽게 말하려 노력했던 강연을 6개 챕터, 6강으로 구분해 녹취를 푼 듯이 편집한 강연록이다. '질문, 역사, 예술, 철학, 정치와 경제, 문학'까지 6강이다.

"우리가 알고 있던 기존의 지식을 다른 시각으로 바라보면서 과거와 현재의 나를 성찰하고 재구성하는 계기를 마련하고자 강좌를 열었다"는 게 저자의 변이다. 그에 걸맞게 폭넓은 6강의 내용들은 '알쓸신잡'이 아니라 '알아두면 생각을 혁명하는 신비한 인문학'이다.

저자는 다음과 같이 말한다.

"미래 사회는 결코 지금의 방식으로 살 수 없습니다. 그렇게 살아서도 안 됩니다. 그 미래는 바로 우리 아이들이 살아갈 세상입니다. 또한 우리가 살아갈 세상입니다. 하지만 세상은 저절로 나아지지 않습니다.

행복한 세상을 만들기 위해서는 맞서 싸울 용기가 있어야 합니다. 혼자의 힘으로는 불가능합니다. 두렵기도 합니다. 하지만 힘을 모으면 바꿀 수 있습니다. 때문에 '엄마 인문학'은 혁명입니다."

저자가 이런 목소리를 높이는 이유는 '공부하는 엄마가 세상을 바꾸고, 아이의 미래를 바꿀 수 있다'고 믿어서다.

김빛내리 외, 『과학 하는 여자들』

'사농공상'의 뿌리 깊은 의식이 지배했던 우리나라에서 여성의 교육은 '불문과, 영문과, 독문과' 같은 '유들유들한 학문 아니면 '의사, 약사, 교사' 등에 주로 코드가 맞춰졌었다. 그중 '여성 과학자'의 존재는 어쩌면 가장 희귀한 존재였다.

●

'여성 과학자' 하면 가장 먼저 떠오르는 사람은 단연 폴란드 태생의 프랑스 과학자 마리 퀴리일 것이다. 초등학교 때 읽은 위인전에 꼭 들어있던 책 제목 탓에 '퀴리 부인'으로 더 익숙한 그녀는 라듐 연구로 하나도 어려운 노벨상을 두 개(물리학상, 화학상)나 받은 세기의 과학자였다.

그럼 퀴리 말고 또 떠오르는 여성 과학자는 누구일까? 안타깝지만 금방 이름이 떠오르지 않는다. 그만큼 여성이 과학자의 길을 걷기가 쉽지 않았고, 특히 우리나라에서는 여성 과학자가 남성에 비해 많지 않았었다.

그래서 『과학 하는 여자들』은 책 제목부터가 왠지 산뜻하다. 이 또한 어쩌면 우리가 '살림 하는 여자'나 '아이 키우는 여자'에 너무 익숙해진 탓일까?

●

이 책의 캐치프레이즈는 '한국의 여성 과학자 어벤져스 5인. 이공계 여자들의 꿈, 연구, 좌절, 그리고 희망을 말하다'이다. 앞으로 미래 세대에는 여성 과학자의 존재와 역량과 리더십이 재평가되어야 한다. 그 이유에 대해 이 책은 이렇게 말하고 있다.

"4차 산업혁명이 펼쳐지는 새로운 세계에서는 다학제 간 연구와 융·복합적 개발이 수시로 일어난다. 인공지능, 로봇, 생명과학이 주도하는, 여태껏 경험해보지 못한 세상에서 여성은 융합적 상상력과 마인드, 멀티태스킹 능력으로 많은 일을 해내야 하고, 해낼 수 있다. 이것이 여성 과학자의 리더십이 재평가돼야 하는 까닭이다."

필자도 여성의 '멀티태스킹' 능력에 공감한다. 멀티태스킹 multitasking이란 컴퓨터가 동시에 여러 가지 작업을 처리하듯 여러 일을 동시에 생각하고 처리해내는 뇌의 특징을 말한다. 많은 남성이 남성보다 뛰어난 여성의 멀티태스킹 능력에 대해 절감할 것이다.

●
이 책의 공저자인 5명의 여성 과학자들은 가히 '어벤저스 급'이다. 생명과학자 김빛내리 서울대 교수, 수학자 최영주 포항공대 교수, 법과학자 정희선 전 국립과학수사연구원장, 미생물학자 이홍금 전 극지연구소장, 화학공학자 박문정 포항공대 부교수.

이 책에는 그들의 어린 시절, 과학계 입문 계기, 과학자의 길을 걸으며 특히 여성으로서 겪어야 했던 '유리천장, 새는 파이프라인' 차별, 육아 등의 어려움 극복기, 과학자로서의 성취와 자부심, 여성 과학자의 비전에 대한 자신만만하고 생생한 스토리가 담겨 있다. 이 풍성한 스토리는 남녀를 불문하고 한번쯤 '과학자의 길'에 대한 부러움을 갖게 한다. 대구경북과학기술원DGIST의 신성철 총장도 추천 글에 "여학생들에게는 미래 과학자의 꿈과 비전을 심어주고, 후배 여성 과학자들에게는 일과 일상을 꾸려가는 지혜를 줄 것이다. 한편 남성 독자들에게는 여성 과학자의 삶을 이해하는 데 큰 도움이 된다"고 했다.

●

이 책의 공저자들에게는 뜻밖의 공통점이 있다. 이들이 공부를 잘했든 못했든(진짜 이들 중에는 초등학교 때 반에서 꼴등을 했던 사람도 있다.) 집안이 유복했든 가난했든, 어린 시절에 독서에 푹 빠졌었다는 것이다.

역시 '책에 길이 있다'는 말은 그냥 생긴 말이 아니다. 이것을 다시금 깨닫게 하는 것만으로도 이 책의 가치는 충분하다. 청소년들, 특히 이공계 대학을 다니거나 이공계 진로를 꿈꾸는 자녀들과 부모들에게 추천한다.

●

"과학자는 정말 복 받은 직업이다. 정신적 만족감도 크다. 자연에 있는 비밀의 열쇠를 찾는 것은 탐험가와 같은 기쁨과 흥분을 준다. 막연한 생각이나 가설이 실험으로 정확하게 입

중될 때 얻는 만족감은 형언할 수 없이 크다. 그런 과학자가 되는 데는 천재적인 머리가 아니라 호기심과 끈질긴 노력(실패는 나의 힘!), 그리고 상상력이 필요하다. (여학생이라고) 지레 겁먹지 말라."

마이크로 RNA 권위자인 김빛내리 교수의 희망찬 당부가 돋보인다.

김형민, 『딸에게 들려주는 역사 이야기』

급속하게 발전하는 인공지능 기술로 인해 인류의 기존 직업들 중 많은 것들이 사라지게 될 것이라는 것에는 어떤 전문가도 이견을 제시하지 않는다. 이들은 또한 인공지능에게 밀리지 않을 핵심역량으로 기계가 따라올 수 없는 '창의성'을 이구동성으로 제시한다.

●

'딱딱한 역사 이야기를 이렇게 창의적으로 쓸 수 있구나' 하는 타산지석과 창의적 콘텐츠의 발상과 생산에 도움이 될 인문학적 사고의 확대에 안성맞춤인 책. 김형민의 『딸에게 들려주는 역사 이야기』는 큰 역사적 사건의 학문적 이론이나 해석보다, 역사의 분기점에서 당랑거철螳螂拒轍 수레바퀴를 막아서는 사마

귀처럼 양심을 지키고 정의를 포기하지 않았던 개인들의 이야기에 집중한 역사책이다.

이 책의 주인공들은 2000년 우리 역사와 세계사 곳곳에 숨어 있는 '촛불 시민'이나 '역사 거인' 들이다. 교과서나 언론을 통해 접한 적이 없어 몰랐던 '숨은 역사와 인물' 열전이다. 때문에 많은 이야기들이 우리에게 생소한, '그런 사람, 그런 사연이 있었어?'란 질문이 앞서지만, 읽다 보면 보잘것없는 개인의 역사를 지키려는 큰 몸짓들이 진한 감동과 각성을 일으킨다.

●

"기억의 단절은 곧 역사의 단절이고, 역사의 단절은 곧 배움의 단절이야. 기억부터 지켜야 해. 끊임없이 습격하는 망각의 유혹으로부터. 빨리 잊고 끝내자, 경제가 어렵다고 '지껄이는' (아빠의 험한 말을 용서하렴) 사악한 자들로부터, 그리고 무엇보다 강력한 힘을 지닌 세월歲月, 즉 시간의 흐름으로부터 세월호의 기억을 지켜야 할 거야. 아빠도, 너도."

문어체의 딱딱한 역사책들과 달리, 아빠가 중학생 딸에게 자상하게 조곤조곤 이야기하는 것 같은 구어체 말투부터가 독특하고 창의적이다.

대학에서 사학을 전공한 후 현직 방송국(SBS CNBC) PD로서 '긴급출동 SOS 24' 등을 제작하면서 민초들의 다양한 삶을 목격한 저자 김형민은, 대학 때 군부독재에 맞선 민주화 투쟁에 적극 가담하면서 굳건해진 역사의식, 풍부한 독서량, 정치·사회·문화적 이슈에 대한 높은 관심과 참여를 이 책에서 용광로처럼 녹여낸다.

- 이 책에서 소재로 다루는 역사적 사건과 인물들의 역동성, 입체적 구성과 쉬운 설명은 타의 추종을 불허한다.

서기 627년 신라 진평왕 49년에 대기근이 들었다. 나라의 곡식을 관리하던 창예창 관원들이 곡식을 빼돌리자고 모의할 때 의로움을 지키기 위해 이를 고발하고 죽음을 택했던 하급 관리 '검군'이 있었다. 저자는 검군의 이야기를 현재 '적폐 청산'의 중심에 선 현직 검사 '윤석열'과 연결 지어 설명한다. 방송인 김제동 씨의 시민계몽 활동을 빗대 자유의 나라 미국의 '빨갱이 사냥' 역사인 '매카시즘'과 헌법의 역사를 이야기 하고, 영화 '타임투킬'(1996)을 빌어 여성 차별의 역사를 설명한다.

미국 전 대통령 버락 오바마가 인종차별의 범죄 현장에서 연설 도중 눈물 흘리며 찬송가 '어메이징 그레이스 Amazing Grace'를 부르는 동영상과, 굴뚝에 올라가 목숨 걸고 투쟁하는 한국의 해고 노동자 차광호 씨를 버무려 '차별과 인권'을 이야기한다. 고인인 미국의 복서 무하마드 알리와 한국 프로야구 롯데 자이언츠 투수 최동원의 공통점을 읽으면 스포츠를 뛰어넘은 불세출의 두 영웅에게 새삼 고개를 숙이게 된다.

'최후의 20세기 인물, 쿠바의 피델 카스트로', '파라과이를 파멸로 이끈 독재자 로페스'까지 이 책의 역사 이야기는 한국사에 그치지 않고 세계를 종횡으로 누빈다.

교과서나 언론을 통해 접한 적이 없어 미처 몰랐던 '숨은 역사와 인물'이 많은 것이 이 책의 발군이다. 역사의 주류로 대우받는 왕후장상, 정승, 판서, 장군, 열사는 물론 하급관리, 천민, 무명의 독립운동가, 이름 없이 스러져갔던 정의로운 학생 등등, 이 책은 '외워야 하는 지식으로서 역사'가 아니라 '배울 것이 있는 교훈으로서 역사'를 우리에게 알려준다.

● 역사적 사실을 외우는 것이 목적이 아니라 그 사건으로부터 '내가 무엇을 배울 것인지, 나는 그런 상황이라면 어떻게 할 것인지'를 생각하게 한다는 뜻이다.

● 역사는 때때로 히틀러와 같은 예측불가 돌연변이에 의해 퇴보하기도 한다. 퇴보한 역사는 깨어 있는 시민의 작은 용기 있는 몸짓들이 모여 저항의 강물을 이루면 다시 진보를 향해 방향을 튼다. 퇴보와 진보를 반복하는 듯 보이면서도 역사는 끝내 앞으로 나아가는 것이다.

그러한 진보의 동력은 영향력 있는 몇몇 지도자가 아니라 각성한 개인(시민)들로부터 나온다. 국정농단으로 나라를 혼란에 빠뜨렸던 '최순실 일당'을 축출하고 민주정권을 세운 '촛불 시민'의 물결이 그것을 역력하게 증명한다.

우리의 아이들이
어떤 삶을

　　　　　　　살게 할 것인가

진경혜, 「엄마표 읽기 쓰기」

　'행복은 성적순이 아니' 라는 것을 모르는 어른은 없다. '자식은 부모 맘대로 안 된다' 는 것을 모르는 어른 또한 없다.
　문제는 그걸 알면서도 막상 아이를 키우는 부모는 성적을 도외시하기 어렵다는 점이다. 성적은 내 자식이 나보다는 더 잘되기를 바라는 부모의 마음이자 아이의 미래를 보장하는 가장 확실한 보증수표라고 믿기 때문이다.

●

　그러나 그 보증수표를 믿었던 부모들은, 자식을 어느 정도 키워놓고 나서야 저러한 사실을 후회하면서 진짜로 알게 되는 것이다. 보증수표가 아무 것도 보증하지 못할 수도 있음을.
　필자는 1남 1녀를 키웠다. 신혼 때부터 맞벌이 부부였다. 처가와 친정은 멀어도 너무 멀었다. 아내는 간호사였다. 데이(새벽 6시), 이브닝(오후 2시), 나이트(밤 10시) 순으로 출근시간이 정기적으로 바뀌었다. 아예 한 사람이라도 출퇴근을 편히 하려고 아내 직장 코앞에 신혼살림을 차렸다. 더 말할 필요 없이 그건 전쟁이었다.

그 고생을 하면서 키우는 자식들인데 남보다 뒤처지게 하고 싶지 않았다. 가속페달을 아주 세게 밟았다. 그러나 결과는 부모가 원하는 대로 되지 않았다. 스트레스가 컸다.

그때 아이들을 다 키운 선배가 충고했다.

"아이를 믿어줘라. 기다리면 돌아온다."

그때부터 아이를 향한 구속을 내려놓고 믿기로 했다. 그리고 기다리기로 했다. 그런데 신기하기도 하여라! 어느 사이엔가 아이는 '성적'이 아닌 '적성'의 모습으로 웃으며 부모 곁으로 돌아오는 것이었다.

아이가 어릴 때부터 왜 그렇게 해주지 못했을까 자책과 후회가 컸다. 왜 진작 교육방법론에 대한 책들을 읽어볼 생각도 못했을까? 아마도 '책이 하는 소리는 다 뻔한 소리'라고 생각했기 때문이 아닐까? 혹은 맞벌이에 치여 그저 '키우기'에 급급해, 앞선 세대의 경험담을 읽고 본받을 여력이 없었던 것은 아닐까? 뒤늦게 아쉬움과 핑계를 찾을 뿐이었다.

●

『엄마표 읽기 쓰기』의 저자 진경혜 씨가 아이들의 교육을 위해 썼던 '읽기'와 '쓰기' 지도방법론은 매우 구체적이고 배울 만하다. 이 방법론을 잘만 소화한다면 천재가 아닌 아이들도 자신이 타고난 능력에 걸맞거나 뛰어넘는 아이로 클 수 있도록 부모 역할을 할 수 있다.

물론 모든 자녀교육 서적이 그렇듯이 책에 나온 대로 한다고 해서 책에 나온 결과가 똑같이 나오지는 않는다. 아이들은 다 다르다. 이 아이에게 맞는 것이 저 아이한테는 전혀 안 맞을 수도 있다. 책대로 따라했는데 우리 아이의 결과는 그렇게 안 나온다고 해도 아이를 닦달하거나 부모가 자책할 일이 아니다.

●

자식 농사에는 답이 없다. 하지만 책에는 답이 있다.

이의용·김경집·강신주 외, 『청소년을 위한 진로 인문학』

미래를 책임질 우리의 아이들이 다니는 학교는 지금도 여전히 공부 잘하는 상위 10% 학생들을 위해 존재한다. 나머지 학생들은 각자의 특기나 적성은 불문하고 단지 학교 성적이 10%에 들지 못한다는 이유 하나만으로 거의 방치되다시피 청소년기를 '탄압' 당한다.

　사실 이러한 문제를 모르고 있는 어른들은 없다. 알면서도 어찌 해보지를 못할 뿐이다.

●

　필자는 딸의 초·중·고 12년과 재수 1년을 지켜보며 우리나라 교육제도와 취업 등의 현실이 현재를 사는 청소년들을 너무너무 힘들게 한다는 현실을 거듭 발견했다. 과거급제를 최고로 치던 조선시대나, 명문대 입학과 고시 합격, 대기업 입사를 최고로 치는 지금이나, 사회와 나라의 발전에 기여하기 위해, 그리고 꿈의 성취와 자아실현을 위해 공부를 열심히 해야 하는 것은 당연하고 타당한 방법으로 여겨지고 있다.

　문제는 단지 교과서를 달달 외우는 것, 어려운 수학문제 앞에서 끙끙대는 것, 그리하여 좋은 대학에 들어가 남들이 선망하는 직장에 취직하는 것만이 모든 공부의 지상 목표가 되었다는 점이다.

●

　공부와 장래에 대해 부모와 학교로부터 엄청나게 받는 스트레스를 풀 길 없는 학생들의 잦은 폭력사건이 갈수록 심각해지는 것 또한 심각한 사회문제다. 청와대 홈페이지에는 청소년보호법 개정과 청소년범죄 처벌 강화를 요구하는 청원이 폭주한다. 그러나 처벌 강화는 일시적인 감정적 대응일 뿐 그것이 일탈이나 범죄의 감소를 보장하지는 않는다는 것은 널리 알려진 사실이다.

결국 해답은 '사람 존중, 공교육 정상화, 입시지옥 해방, 성적순이 아닌 행복을 중시하는 전인교육' 등 교육과 직업을 포함한 사회구조 전체의 대수술이다.

문제는 그러한 수술이 몇몇 학부모나 지도자들로만 할 수 있는 게 아니라는 것, 하루아침에 이루기 어렵다는 것이 현재의 아이들을 키우는 부모들의 고뇌다. 이토록 팍팍한 환경에서 자라는 아이들을 붙잡고 '하지 마라, 하지 마라. 옳게 커라, 옳게 커라' 만 반복하는 것은 구두선이요, 말짱 도루묵이다.

그렇다고 손 놓고 있을 수는 없지 않은가. 꽉 조인 아이들의 숨통이 좀 트이도록, 미래를 위한 힐링이 될 수 있는 책을 함께 읽는 일도 부모로서 해야 하지 않겠는가?

『청소년을 위한 진로 인문학』은 8명의 공저자(이의용, 이명석, 이남석, 박승오, 김종휘, 김영광, 김경집, 강신주)들이 미래의 주인공들이 '원하는 행복'에 다가가는 꿈을 찾을 수 있도록 돕는 책이다. '나를 안다는 것은 무엇인지, 세상을 왜 알아야 하는지, 꿈이란 무엇인지, 좋아하는 일과 잘하는 일의 차이는 무엇인지'에 대한 학부모, 학생들의 현장 대화체, 강연 녹취록이라 청소년들이 읽고, 이해하고, 공감하기도 무척 쉽다.

"진로를 찾는다는 건, 단순히 일자리를 찾는 것이 아니라 '내가 어떠한 삶을 살 것인가'의 문제입니다. 안정적인 직장, 높은 연봉, 누구나 선망 하는 명예로운 일자리를 행복의 기준으로 삼는다면 진정한 행복을 찾을 수 없을 것입니다. 내가 정말로 원하는 일, 즐겁게 할 수 있는 일을 찾고 그것을 이루기 위해 노력한다면 여러분이 원하는 행복한 삶에 한 발짝 더 다가갈 수 있습니다."

김경집 전 가톨릭대 교수가 서문에서 밝힌 것처럼 우리 청소년들이 누려야 할 성장 환경은 '행복한 삶에 한 발짝 더 다가가는' 삶이어야 할 것이다.

3.

가을날의
사색과
함께하다

인간의 삶과 죽음,
문학작품 속

_____ 문제적 인물들

세르반테스, 「돈키호테」

"나의 유일한 목적은 편력기사도의 허무맹랑한 이야기들에 대한 세인의 멸시를 자아내는 것이었다. 돈키호테는 그런 헛된 신뢰와 가치를 이미 뒤흔들어 놓았으니, 그것들은 의심할 바 없이 땅에 떨어지고 말 것이다. 안녕!"

●
편력기사 소설에 심취하다 자신이 정의의 사도라는 망상에 빠진 라만차의 노인 키하다가 길고 긴 '돈키호테'적 모험을 끝낸 후 제 정신으로 돌아와 남긴 유언이다. 이는 다름 아닌 저자 세르반테스가 독자들에게, 당시의 유럽인에게 던지는 메시지다. 세르반테스는 『돈키호테』를 통해 근대로의 진보에 저항하는 중세 봉건시대 영주, 기사 등 기득권자들을 조롱했던 것이다.

●

흔히 우리는 겁쟁이에 우유부단형 인간과 저돌적인 인간형을 셰익스피어의 '햄릿'과 세르반테스의 '돈키호테'로 비유한다.

그러나 '사느냐 죽느냐 그것이 문제로다to be or not to be, that is question'가 대변하는 햄릿의 우유부단을 반대로 해석하는 이들도 적지 않다. 조선 태종의 장자로 세자에 책봉됐던 양녕대군이 '정적들로부터 살아남기 위해 일부러 미친 척 했다'는 야사처럼 햄릿 역시 아버지의 복수를 위해 미친 척 연기를 하며 치밀하게 결정적 때를 노렸다는 것이다.

돈키호테 역시 마찬가지다. 실제로 책을 읽다 보면 성질 급한 독자는 오히려 스트레스 받기 십상이다. 『인간시장』(김홍신 소설)의 주인공 장총찬이나 쾌걸 조로, 돌아온 비바 장고의 시원한 '해결' 대신 돈키호테에게 돌아오는 것은 갈비뼈가 부러지고, 이빨이 네 개나 나가는 등 언제나 처참한 패배뿐이다. 저돌적이기보단 무모하고 어리석은 인간형이다. 『돈키호테』를 제대로 읽어야 할 지점이 바로 여기다.

●

2016년 4월 23일은 영국의 셰익스피어와 함께 유럽 문단의 양대 거두로 추앙되는 스페인 소설가 미겔 데 세르반테스Miguel de Cervantes, 1547~1616의 400주기였다. 세르반테스가 숨을 거둔 것은 1616년 4월 22일이었으나 그가 묘지에 묻힌 23일 '정말이지 우연하게도' 셰익스피어 역시 숨을 거뒀던 터라 '무적함대'의 전설을 가졌던 스페인 사람들의 자존심엔 이날이 더 임팩트를 갖게 된 것으로 해석된다.

세르반테스와 그의 대표작 『돈키호테』에 관한 평전의 글들은 '검색'의 시대에 키워드 하나만 두드리면 인터넷에 널리고 널렸다. 그런 뻔한 말들을 여기다 옮겨 놓는다면 그건 지면의 낭비다. 세르반테스와 돈키호테에 대해, 아직은 검색되지 않는 '말'들로 이야기의 방향을 틀어보고자 한다.

●

세르반테스는 1547년 9월 29일 스페인 마드리드 근교의 에나레스에서 태어났다. 할아버지가 명성 높은 변호사로 유복한 가문에서 태어났지만 떠돌이 외과의사인 아버지 대에 이르러 가난에 시달렸다. 아버지를 따라 스페인의 여기저기를 떠돌던 그가 공교육을 받았다는 기록은 21살 때 마드리드의 시립학교에 잠깐 다닌 것이 유일하다.

이듬해 로마로 가 추기경을 섬겼고, 이탈리아 주재 스페인 군대에 입대했다가 24살 되던 해의 레판토 해전에서 왼팔을 잃었다고 전해진다. 거기다 귀국 도중에 알제리 해적에게 포로가 돼 1580년까지 5년 동안 노예생활을 해야 했다.

1580년, 33살 때 일가친척들의 도움으로 몸값을 치르고 스페인으로 돌아온 세르반테스가 첫 소설 『라 갈라테아』를 출판한 이후 7년 동안 수십 편의 희곡을 쓴 것으로 알려졌으나 작가로서 큰 명성을 얻지는 못했다. 군수물자 징발대행인, 세무징수인 등 여러 직업을 전전하던 세르반테스는 55세1602년 때 아마도 사기죄로 추정되는 죄목으로 투옥된다. 이때 『돈키호테』를 구상하고 썼으며 58세가 되던 1605년 1월에 전편을 발표하면서 일약 스타덤에 올랐다.

●
　동서양을 막론하고 의술과 영양의 차이로 16세기의 평균연령은 지금보다 훨씬 낮았다. 당시 58세면 지금으로는 아마도 70세를 훌쩍 넘겼을 정도의 신체, 사회적 나이였음이 분명하다. 2000년 먼저 살았던 노자 『도덕경』의 대기만성大器晚成을 그가 실현했던 것이다.
　몇 년 전 첫 소설 『창문 넘어 도망친 100세 노인』으로 세기의 작가 반열에 오른 스페인 옆 스웨덴의 요나스 요하손 역시 그 소설을 발표했을 때 나이가 50세에 근접했다. 쓰고자 하는 열정 앞에 나이는 숫자에 불과하다.

●
　소설의 주제는 편력기사 소설에 심취하다 마침내 자신이 기사라는 망상에 빠진 스페인 시골 라만차의 귀족 노인 키하다가

3 가을날의 사색과 함께하다　**121**

정의의 기사 '돈키호테'로 변신해 그와 비슷하게 현실감각이 뒤떨어진 옆집 농부 산초 판사를 대동하고 악을 징벌하는 모험에 나선다는 것이다.

　세르반테스가 작가의 길을 걸었던 때는 셰익스피어, 타소, 몽테뉴 등이 맹활약을 펼치던 그 시기였다. 1492년 콜럼부스가 아메리카 대륙을 발견한 뒤 스페인을 선두로 유럽에 대항해시대가 열렸다.

　아메리카를 개척한 스페인은 유럽의 경제를 이끌었다. 희대의 도살자 피사로가 겨우 보병 120명, 기병 60명의 군사로 8만 명의 군사를 거느린 아우타왈파 황제의 잉카제국을 정복, 금과 은이 스페인으로 쏟아져들어온 것도 이 즈음이었다. 뒤이은 쿠텐베르그의 금속활자를 이용한 대량 출판이 시작되면서 정보와 지식의 유통은 양과 질, 속도에서 혁명을 일으키며 나중에 등장할 근대 시민국가와 산업혁명의 씨앗이 되었다.

　넘치는 경제력과 출판업의 등장으로 당연히 유럽 문학의 황금시대가 열렸던 바, 서양 최초의 근대소설이자 최고 작품으로 대우받는 『돈키호테』는 이탈리아나 프랑스의 고전문학과는 분명하게 결을 달리하는 '스페인 민중문학'의 표본이다.

　물론 식자들에 따라 세르반테스가 '선의를 가장한 지배세력의 이데올로기(기사도)'를 조소했는지, 기사들의 활약을 주제로 남발되던 통속적이며 상업적인 문학을 조소했는지에 대한 의견이 엇갈린다.

그러나 당시 스페인 민중이 『돈키호테』에 열광한 이유가 단지 '기발하고 엉뚱한 무용담' 정도의 통속이기보다는 여전히 지배계급의 주류를 이루고 있던 보수세력(영주-기사)에 맞서 새롭게 떠오른 신흥 부자들이, 그들의 저항적 개혁의식을 돈키호테라는 비정상적 광인에 대한 환호로 표출했다고 봐야 400년 넘도록 인류의 사랑을 받는 『돈키호테』가 이해가 되지 않을까?

●

돈키호테는 광기에 사로잡힌, 어리석은 보수 반동세력이다. 자신의 가치를 사회에 강압하기 위해 선량한 사람들에게 엉뚱하고 무참한 피해를 끼치는 무뢰한이다. 자기가 바라는 세상만 믿고, 보고 싶은 세상만 보는 편협한 '보수적 신념'에 갇혀 있는, 우물 안 개구리다. 마치 무너진 왕조, 불타는 왕궁의 기둥을 붙잡고 '전하, 전하'를 외치는 무수리를 보는 듯하다.

『돈키호테』의 결말은 확실히 애잔하고 비극적이다. 위대하고 정의로운 기사도의 이상과 꿈을 파괴당한 채 한낱 시골의 늙은 노인으로 돌아와 죽음을 맞는다. 그의 죽음을 지켜보며 한 사람의 독자일 뿐인 필자는 잘못된 이상 세계로의 모험을 통해 현실 세계의 부조리함을 일깨워주려 했던 세르반테스의 깊은 뜻을 읽는다.

톨스토이, 『이반 일리치의 죽음』

그는 자신의 병에 분노하고 가족에게 분노했다. 그러나 임종 직전 그는 분노의 대상, 특히 자신의 삶과 가족을 용서하기에 이른다. 그 순간 그를 그토록 괴롭히던 통증과 죽음에 대한 공포가 거짓말처럼 사라지는 대신 환한 빛이 쏟아진다. 톨스토이의 『이반 일리치의 죽음』의 주인공, 이반 일리치의 최후의 모습이다.

●

러시아 대문호 톨스토이는 『안나 카레니나』, 『전쟁과 평화』, 『부활』 등을 썼다. 전 세계 소설가들을 대상으로 '첫 문장이 가장 인상적인 소설'을 조사한 결과 『안나 카레니나』가 뽑혔다는 얘기가 있다. "모든 행복한 가정은 다 비슷하지만 불행한 가정은 제각각 불행의 이유가 다르다"라는 문장이다.

톨스토이의 소설들은 어마어마한 장편이다. 바로 그런 이유로 그의 유명세에 비해 그의 작품을 하나라도 완독한 사람들은 의외로 많지 않다. 나만 톨스토이를 읽지 않은 게 아니니 그걸로 기죽을 필요는 없다는 말이다.

그럼에도 톨스토이의 작품을 의외로 쉽게 읽을 수 있는 중·단편소설들도 꽤 있다. 시중에 많이 출판되어 있는 『톨스토이 단편선』은 꾸준한 스테디셀러다. 그 안에 들어 있는 「사람은 무엇으로 사는가」, 「바보 이반」, 「두 노인」, 「사람에게는 얼마만큼의 땅이 필요한가」등의 단편소설들은 읽을 때마다 감동이 다른 주옥같은 작품들이다.

●

　단편과 중편 사이 쯤인 『이반 일리치의 죽음』은 '1800년대 톨스토이의 문학적 성과를 대변하는 수작' 이라고 평가 받을 만큼 톨스토이 문학의 진수다. 『이반 일리치의 죽음』은 1886년에 발표되었다. 약 30년 후인 1915년에 프란츠 카프카의 『변신』이, 그로부터 또 약 30년 후인 1942년에 알베르 카뮈의 『이방인』이 발표되었다. 뒤의 두 소설 역시 더 설명이 필요 없는 문제작이자 화제작들이다.

　그런데 이 세 작품에는 공통점이 있다. '이반 일리치, 그레고르 잠자, 뫼르소' 등 주인공의 '소외와 외로운 죽음' 을 주제로 다룬다는 것이다. 이 소설들을 함께 읽으면 '어쩔 수 없이 결국에는 혼자일 수밖에 없는, 자신에게 주어진 삶의 몫은 온전히 자기 혼자 감당할 수밖에 없는 인간의 한계, 거짓과 위선과 이기심 가득한 인간세계의 냉혹한 실상' 에 대해 보다 진지하게 성찰해볼 기회가 되지 않을까 싶다.

●

　이반 일리치는 제정 러시아 시절 누구보다 잘 나가던 엘리트

판사였으나 어느 날 문득 옆구리의 통증을 느꼈고, 그로부터 긴 투병이 시작된다. 의술이 발달한 지금과 달리 엑스레이 촬영이나 개복수술이 불가했던 시절이라 계속되는 뱃속의 통증을 치료하기란 쉽지 않은 일이었다.

  소설을 읽다 보면 이반 일리치의 병이 궁금해지는데 지금의 의학상식으로 추측하건대 그의 병은 뱃속 장기 중 하나의 만성 염증이거나 심할 경우 위암 같은 병이었을 것으로 보인다.

  초기의 가벼운 통증에서 점점 병이 깊어지면서 끝내 죽음을 맞이해야 하는 상황으로 전개되는 과정을 통해 그의 아내와 딸, 아들 그리고 주변의 가까웠던 동료나 지인들이 보이는 '너무나 인간적인 행태'는 19세기 후반이나 21세기 초반이나 그리 다를 것 없는 '인간의 영원한 민낯'을 그대로 드러낸다.

●

  암과 같은 병에 걸린 환자들이 그 사실을 처음 알게 되었을 때 '부정—분노—체념—달관' 순으로 심리적 변화를 일으킨다는 전문가들의 견해가 이반 일리치에게도 거의 맞게 나타난다. 그는 자신의 병에 분노하고, 가족들 특히 아내에게 분노한다. 가족들은 가족들대로 혼란스럽고 힘든 심리의 변화를 겪는다.

  그런데 임종 직전 이반 일리치는 분노의 대상들, 특히 자신의 삶과 가족들을 용서하기에 이른다. 그 순간 그를 그토록 괴롭히던 통증과 죽음에 대한 공포가 거짓말처럼 사라지고 '삶도 죽음도 자연의 일부'라는 달관의 경지에 이른 것이다. 이반 일리치가 숨을 거두기 직전 마지막으로 마음속에 되뇌었던 '끝난 건 죽음이야. 이제 더 이상 죽음은 존재하지 않아'가 영락없이 그렇게 해석이 된다.

●

이반 일리치가 고통과 공포에서 벗어나 빛과 함께 죽음을 맞게 된 그 시점은 바로 위선과 거짓투성이라며 증오하던 아내에게 "당신 불쌍해. 쁘로뿌스찌보내줘"라고 말하는 순간이었다.

그런데 사실 이반일리치가 마지막에 하려고 했던 말은 "쁘로스찌용서해줘"였다. 그 말을 바꿀 힘도 없던 그는 그러나 '알아들을 사람은 알아들을 것이었다'고 생각하고 만다. 거짓과 위선이 아닌 진정한 사랑은 굳이 고쳐 말하지 않아도 '이심전심'이라는 가르침으로 이해가 된다.

니코스 카잔차키스, 『그리스인 조르바』

"나는 아무것도 바라지 않는다. 나는 아무것도 두려워하지 않는다. 나는 자유다."

●

　인문학자, 과학자, 의학자, 법조인, 서평가, 대학총장, 정치인, 행정가, 경영인, 외교관, 야구해설가 등 각 분야의 리더들의 축약된 인생철학과 독서편력을 다룬 책 『리더의 서재에서』(윤승용)에서, 리더들이 가장 많이 추천한 책이 바로 『그리스인 조르바』다.

　연세대학교 신과대 김상근 교수는 "20대에 읽었던 최고의 책으로 자유로운 인간으로 산다는 것의 의미를 일깨워주었다. 책을 읽다가 숨이 가쁠 정도로 가슴이 벅차올라, 연세대학교 야구장에 가서 무작정 뛰었던 기억이 난다"고 할 정도로 극찬한다.

●

　그런데 사실은 많은 리더들이 최고의 책으로 치는 '뭔가'를 찾기가 쉽지 않은 책이 『그리스인 조르바』다. 주변을 탐문해봤더니 이 책을 몇 번이나 읽다가 포기했다는, 도대체 뭐가 그리 유명한 책인지 모르겠다는 사람도 적지 않았다. 남들이 좋다해서 무조건 나도 좋아야 하는 것은 아니다. 읽고도 별 감흥이 없었다면 '그렇구나' 생각해 버리면 된다.

　덧붙여 조르바에게 대단한 감명을 받았다는 사람 중에는 진짜 그런 사람과 실제론 읽지도 않았거나 제대로 이해를 못 했으면서도 지적 허영심으로 허세를 부리는 사람도 있다. 호메로스의 『일리아스』, 『오디세이아』를 극찬하는 식자들 중에 실제로 이를 읽은 사람은 백에 한 명도 안 된다는 사실처럼!

● 필자가 안내하는 '조르바 쉽게 읽기'는 다음과 같다.

첫째, 조르바를 쉽게 읽는 법은 의외로 책 안에 있다. 번역가 이윤기 선생이 번역한 열린책들 출판사의 번역본에는 '20세기의 오디세우스'라는 꽤 많은 분량의 후기를 통해 조르바의 역사적, 철학적 배경을 충분히 설명되어 있다. 이 후기를 먼저 꼼꼼히 정독하고서 본문을 읽으면 쉬운 이해에 크게 도움이 된다.

둘째, 후기에서 다루는 그리스 민족시인 호메로스가 쓴 『오디세이아』를 조금만 알면 된다. '트로이의 목마'로 트로이를 정복했던 이타카(ithaka)의 왕 오디세우스 이야기다. 그렇지만 조르바보다 더 어려운 '오디세이'를 굳이 읽을 필요는 없다. 인터넷에 넘치는 '세이렌 신화'의 줄거리만 몇 줄 읽으면 주인공인 '나'가 조르바의 연인 오르탕스 부인을 '늙은 세이렌'이라 부르는 의미도 알게 된다.

셋째, 앤서니 퀸이 주연한 〈그리스인 조르바〉라는 영화를 보는 것도 도움이 되겠다. 앤서니 퀸이 해변가에서 춤추는 장면이 많이 알려졌는데 그 또한 '신은 죽었다. 춤을 춘다는 것은 본래의 자기가 되는 것이자 영혼을 가꾸는 것' 이라 한 철학자 니체와 깊은 연관이 있다.

이윤기 선생은 후기에서 작가의 정신적 피라미드에는 베르그송, 니체, 호메로스가 깔려있다고 했다.

●

이 정도 워밍업이면 이제 "나는 아무것도 바라지 않는다. 나는 아무것도 두려워하지 않는다. 나는 자유다"라는 니코스 카잔차키스의 묘비명을 붙든 채 조르바를 읽으면 되겠다. 그러면 다음과 같은 주인공 '나' 의 고백도 충분히 이해된다.

"나는 조르바라는 사내가 부러웠다. 그는 살과 피로 싸우고 죽이고 입을 맞추면서 내가 펜과 잉크로 배우려던 것들을 고스란히 살아온 것이었다. 내가 고독 속에서 의자에 늘어붙어 풀어 보려고 하던 문제를 이 사나이는 칼 한 자루로 산속의 맑은 대기를 마시며 풀어버린 것이었다. 나는 비참한 기분이 되어 두 눈을 감았다."

●

조르바는 "신이 인간을 구원하는 것이 아니라 인간이 신을 구원해야 한다"고 감히 큰소리 치며 '인간의 입장에서 신과 대결을 벌였던 사람'이다. 때문에 위선과 속박의 계명 따위는 내면의 목소리에 충실했던 조르바의 털끝도 건드리지 못한다. 오디세우스는 선원들의 귀를 밀랍으로 막고, 자신은 몸을 돛대에 묶음으로써 세이렌의 바다를 무사히 건넜지만 조르바는 귀를 막지도, 몸을 돛대에 묶지도 않은 채 당당하게 세이렌의 바다를 걸어갔다.

니코스 카잔차키스는 이 때문에 그리스 정교회로부터 신성모독으로 파문을 당했고, 고향 크레타의 나무십자가 묘지에 묻혀야 했다. 간서치(책만 보는 바보)로 율법과 우유부단에 얽매여 있는 주인공 '나'가 조르바에게 감탄하는 이유다.

●

조르바는 '운명아, 길을 비켜라. 내가 간다!'라고 외치는 사람이다. 도자기 빚는 재미에 방해 되는 손가락을 잘라버릴 만큼 내면의 목소리에 충실했던 조르바, 자신이 거덜 낸 갈탄광 사업을 달밤의 한 판 춤으로 퉁쳐 버리는 조르바의 '자유로운 영혼, 물질에 대한 정신의 승리'를 읽어내면 조르바를 충분히 이해한 것이라 해도 무방하다.

나관중, 『삼국지』

"인내하며 때를 기다려라. 무릇 사람은 물러날 때와 나아갈 때를 알아야 한다."

성인 10명 중 9명이 '감명 깊게 읽었다'는 책이 있다. 아홉 중에는 어린이용 축약본으로 읽은 사람, 앞의 한두 권 정도 읽다가 그만둔 사람, 아예 읽지 않았으나 체면상 '읽었다' 하는 사람 등이 끼어 있다. 그럼에도 10명 모두가 이 책의 줄거리나 주요 사건, 인물들에 몇 마디 보탤 지식은 가지고 있다.

이 소설을 관통하며 처세의 교훈을 찾아내 수시로 인용하는 수준의 독자는 전문 연구가일 확률이 높다. 일반 독자가 굳이 이 책의 정독과 이해 여부를 가지고 기죽을 필요는 없다는 뜻이다. 이 책의 제목은 원말명초 나관중이 지은 소설 『삼국지』다. 설마 이 책을 모르는 사람은 없으리라. 항우와 유방이 다투던 『초한지』의 어떤 대목을 『삼국지』의 한 대목으로 헷갈리는 사람은 있을지라도.

『삼국지』는 한족의 명나라가 들어선 시점에 쓰인 책이라 저자 나관중이 한 황실 후예 유비에게 매우 우호적이다. 때문에 유비는 매우 인덕이 높은 지도자로, 조조는 상대적으로 비수와

음모에 능한 지도자로 인식된다. 그래서 유비가 삼국통일을 못한 것을 안타까워한다. 그러나 조조는 비열한 지도자가 아니었다. 그의 참모였던 순욱은 조조의 능력 중심 용인술과 솔선수범을 높이 평가했다.

위나라 조조, 촉나라 유비, 오나라 손권이 천하삼분지계로 다투었던 삼국의 패권은 촉과 오를 접수한 조조 가문이 차지한다. 조조가 『삼국지』 최후의 승자로 등극하는 순간이다. 그러나 과연 조조가 최후의 승자일까? 아니다. 최후의 승자는 따로 있다. '죽은 공명이 산 중달을 이긴다' 했던 고사의 주인공 사마의 중달이다.

라이벌 공명에게 계속 패했지만 이는 '공명이 있어야 나도 인정 받는다'는 중달의 고단수 술책이 아니었을까? 그는 자신의 실력을 믿고 '나대다' 조조가 보낸 빈 찬합을 받고 자결한 순욱이나 조조의 속마음을 너무 꿰뚫는 통에 제거당한 '계륵鷄肋, 닭갈비'의 주인공 양수와 달리 조조 앞에서 철저히 몸을 낮추었다.

조방 황제에 이르러 라이벌 조상에게 실권을 빼앗기고 병을 핑계로 낙향했을 당시 그의 나이 칠십이었다. 늙은 중달이 사라지자 독점 권력을 마음껏 휘두르던 조상은 혹시나 싶어 심복

이상을 보내 중달을 염탐하게 했다. 이때 중달은 약사발을 흘리고 귀머거리 행세를 해 첩자를 속였다.

'완전히 맛이 갔다. 마음 놓아도 된다'는 이상의 보고를 받고 안심한 조상은 황제 조방을 모시고 황궁을 벗어나 고평릉에 제사를 지내러 갔다. 때는 이때다, 조용히 숨죽이던 수하들을 소집해 일거에 황궁을 접수한 중달은 조상을 제거하고 손자 사마염이 위나라를 폐하고 진晉나라를 세우게 하는 초석을 다졌다.

나이 칠십은 시성 두보의 시구 '인생칠십고래희人生七十古來稀'에서 유래한 '고희'로 '칠십까지 생존하는 이가 드물다'는 뜻이다. 의약과 건강식의 차이로 볼 때 당시 일흔 살은 지금의 구십 살쯤으로 봐야 하지 않을까?

사마의 중달은 그 나이에 이르러서도 결정적 기회가 올 때까지 인내하며 서두르지 않았던 것이다. 『삼국지』를 읽으며 조조, 유비, 손권, 제갈량, 관우, 장비, 조자룡, 마초, 주유, 육손 등등 영웅호걸이 아닌 사마의 중달에게서 배운 인생의 지혜가 '인내와 대기만성'이었다.
"무릇 사람은 물러날 때와 나아갈 때를 알아야 한다"는 게 중달의 유언이었다.

『삼국지』의 호걸들 중 자신의 실력에 자만해 중달의 저 가르침에 반했다 패망한 이가 동탁, 원술을 비롯해 수두룩하지만, 대표주자는 관우에게 겁 없이 덤볐다가 관우가 받은 술이 식기도 전에 목이 달아났던 화웅이었다. 그럼 관우는 '때'를 잘 알았을까?

유비 진영 X맨 관우

관우는 때를 기다리며 인내하지 못해 자신과 주군 유비, 촉나라의 멸망을 자초했던 유비 진영의 최고 X맨이었다. 손권이 촉과 동맹으로 조조를 치기 위해 형주의 관우에게 제갈량의 형 제갈근을 보내 혼사를 통한 화친을 제의했다. 유비의 전략가 제갈량 마저 관우에게 촉과 연대해 조조를 견제할 것을 권하던 상황이었다. 그러나 제갈량을 맞이한 관우는 "호장의 딸을 어찌 동오의 개에게 보낸단 말이냐"며 일언지하에 거절했다. 제갈량과의 관계를 생각한 제갈근이 "장군, 어찌 그리 말을 하시오. 자비를 베푸소서"라고 하자 "내 칼에는 자비가 없느니라"며 오만을 떨었다.

결국 이에 분노한 손권이 조조와 손을 잡고 형주를 공격함으로써 관우 자신이 죽었고, 복수전을 준비하던 장비가 죽었다. 제갈량의 반대에도 관우의 원수를 갚기 위해 오나라를 공격했던 유비 역시 이릉대전에서 참패함으로써 촉의 명운도 기울게 됐다. 만약 손권의 화친 제의에 관우가 속마음을 숨기고, 인내하며 전략적으로 대응했더라면 역사는 유비에게 패권을 안기지 않았을까?

'박식함'을
넘어

　　　　　'일깨움'으로
─────────

고병권, 「철학자와 하녀」,
도마스 아키나리, 「철학 비타민」

　인문학을 흔히 '문사철'이라고 한다. 문文은 시나 소설, 사史는 역사인데, 철哲의 철학이 좀 간단치 않다. '철학이 무엇인지' 한마디로 설명하기 어렵다.

●

　'철학'에 대한 아주 오래된 고전 유머가 있다. 벽촌 시골의 수재 청년이 명문대 철학과에 합격을 해 그의 아버지가 전 재산 격인 돼지를 잡아 마을 잔치를 크게 열었다. 평소 유식하기로 둘째가라면 서러워하시는 마을의 원로 어르신이 그 청년에게 물으셨다.

"그래, 무슨 과에 합격했는고?"
"철학과입니다."

"오, 그래. 잘했군, 잘했어. 열심히 공부해서 포항제철에만 들어가면 최고지 최고야."

●

철학이란 '도대체 무엇을 연구하는지 알 수 없는 학문'이다. 철학자는 '누구나 아는 사실을 자기만 아는 척 떠드는 사람'이기도 하다.

철학哲學을 한자 뜻대로 해석하면 '도리에 밝음을 배운다'는 뜻인데 국어사전에는 다음과 같이 나와 있다.

> 1. 인간이 살아가는 데 있어 중요한 인생관, 세계관 따위를 탐구하는 학문
> 2. 자기 자신의 경험 등에서 얻어진 세계관이나 인생관

●

인문학이 뜨면서 일반인도 쉽게 읽을 수 있는 철학 책이 많아졌다. 철학 에세이『철학자와 하녀』(고병권 지음)이 그런 책들 중 하나다. 이 책 제목의 유래는 서양철학의 아버지라고 불리는 고대 그리스 철학자 탈레스의 일화다.

탈레스가 어느 날 하늘의 별을 보며 걷다가 우물에 빠지고 말았는데 그것을 본 하녀 트라케가 "탈레스는 하늘의 것을 보는 데만 열심이면서 발치에 있는 것은 알지 못한다"고 비웃었

다는 일화다.

그런데 저자는 트라케의 조롱이 이유가 있다고 말한다. 몸은 지구에 있는데 정신은 별에 박혀 발치도 못 보는 철학자와, 발등만 보느라 자신이 어디로 걷고 있는지도 모르는 하녀가 모두 틀리고, 모두 옳기 때문이다. '삶을 성찰할 여유가 없다면 그 삶은 노예적'이라는 철학자의 말도 옳고, 삶의 절실함이 없다면 지식은 유희나 도락에 불과하다는 하녀의 비판이 모두 옳다. 한쪽이 옳은 부분에서 다른 쪽이 틀리기 때문이다.

저자 고병권은 철학의 가치가 '박식함'에 있지 않고 '일깨움'에 있다고 말한다. 철학은 한마디로 다르게 느끼는 것이고, 다르게 생각하는 것이며 결국 다르게 사는 것이라 한다. 그래서 철학자와 가난한 사람, 어렵고 힘든 사람은 서로 잘 통한다. '다르게 사는 철학=일깨움'을 얻으면 그것을 극복할 수 있기 때문이란다.

●

『철학 비타민』은 아주 쉽고 재미있게 그 철학적 일깨움에 다가설 수 있는, 말 그대로 비타민 같은 책이다. 그 첫 페이지를 장식하는 사람이 바로 저 탈레스인데 뒤이어 소크라테스, 플라톤, 아리스토텔레스, 데카르트, 파스칼, 칸트, 니체, 프로이트는 물론, 최근의 베스트셀러『정의란 무엇인가』로 유명한 최근의 마이클 샌델까지, 가히 서양철학의 올스타 청백전이라 해도 무색하지 않다.

특히 이 책이 유익한 것은 '고매하신 철학자가 고매하신 철학자에게 중얼거리는 철학적 철학'이 아니라 어느 박식한 개그맨이 대중들에게 '구라' 풀듯이 쉽고 재미있다는 것이다. "철학이란 원래 '자연이란 무엇인가?'라 묻는 고대 그리스의 '자연철학'에서 시작됐는데 '자연철학=이과, 자연철학자=이과 교사"라는 식이다.

> 같은 강물에 두 번 발을 담글 수 없다. (헤라클레이스토스).
> 나는 생각한다, 고로 나는 존재한다. (Cogito ergo sum, 데카르트)
> 내일 지구가 멸망하더라도 오늘 한 그루의 사과나무를 심겠다. (스피노자)
> 인간은 생각하는 갈대다. (파스칼)
> 신은 죽었다. (니체)

이처럼 한 번쯤은 들어본 적이 있는 철학자들의 일갈이 진정 무슨 뜻이었는지 명쾌하게 정리가 된다. '정리가 된다'는 것은 그들의 가르침에서 방황, 무기력, 실패, 두려움을 벗어날 깨달음을 얻는다는 것이다. 어떻게 해야 할지 모를 상황에서 전광석화처럼 고정관념을 깨고 마침내 갈 길을 찾는다는 의미이기도 하다.

●
"당신 도대체 철학이 있어? 없어?"라는 갑의 공격에 기죽어 지낸 적이 있는가? 철학을 안다는 것은 '세상이 다르게 보이고 내가 바뀌는 자신감을 회복' 할 절호의 기회라 하겠다.

몰랐던
우리 역사

_____ 제대로 읽기

김형민, 「한국사를 지켜라」

　중국의 땅덩어리는 남한의 약 100배, 남북한을 합친 한반도의 약 50배란다. 도대체 얼마나 넓은지 감도 안 온다. 999원 가진 부자가 1원 가진 빈자의 1원을 뺏어 1000원을 채우고 싶어 한다는 것은 동서고금을 두고 틀린 말이 아니다. 가지면 가질수록 더 갖고 싶은 탐욕이 사람의 본성이다.

●

　사람의 집합체인 국가의 탐욕 또한 다를 게 없다. 저 넓은 땅을 가진 중국이 조어도를 놓고 일본과, 이어도를 놓고 한국과 영토를 다툰다. 최근엔 남중국해의 거대한 바다가 모두 중국 관할 수역이라며 베트남, 필리핀, 말레이시아 등 주변 아시아 국가들의 200해리 배타적 경제수역도 무시하고 군함과 전투기를 들이댄다. 중국은 자신들의 무지막지한 주장의 근거로 2000년 전 한나라 때 항해기록을 내세운다.

중국의 '동북공정'은 고조선, 고구려, 발해의 역사를 중국 변방의 역사로 포함시키는 작업이다. 와중에 독도가 우리 땅이었다는 기록은 일본의 역사와 고지도에까지 수시로 등장하는데도 일본은 다른 역사를 내세우며 독도가 일본 땅이라고 우긴다. 2차 대전 때 일본이 아시아 전역에 저지른 패악의 역사도 반성하지 않는다. 미국을 포함한 유럽의 제국들이 아프리카, 아시아 식민지에 저지른 죄악에 비하면 자신들은 아무것도 아니라는 속셈을 깔고 있다.

이렇게 중국과 일본은 있는 역사를 지키는 것은 물론 없는 역사까지 날조하며 싸우고 있다. 모두가 땅 때문이다.

●

『한국사를 지켜라』의 저자 김형민이 지키자 외치는 한국사는 땅의 역사가 아니라 '독립운동'과 '민주화'의 역사다. 역사 전문가인 김형민은 '역사는 승자의 기록'이라고 오해하는, 또는 자신이 승자라고 착각하는 어떤 이들이 현재 자신의 이익에 불리한 역사는 폄훼, 축소하는 대신 유리한 역사는 과장, 미화하려 한다는 점을 우려했다.

3대가 망한다는 독립운동 대신 일본의 식민지배에 적극 협조하며 '천황 폐하 만세'를 부름으로써 현재의 후손들까지 호의호식하는 친일파의 역사가 우리 역사의 주류가 된다면? 구한말 상황이 다시 오더라도 나라 수호와 독립보다는 새로운 외세에 재빨리 엉겨붙어야 자손만대 편하다는 것이 '역사가 주는 교훈이자 정답'이 되고, 자유와 평등은 온데간데 없고 1%가 99%의 개, 돼지를 혹독하게 지배하는 독재국가가 되더라도 자신을 희생하는 저항의 몸짓을 누구도 하지 않는 동물농장, 식물국가가 될 것이다. 그래서 『한국사를 지켜라』라는 외침은 절대 무시되어서는 안 된다.

●

이 책의 '한국사'는 큰 틀의 역사적 배경과 흐름을 해석하는 '사학'이 아니라 '이런 사람들이 있었다'고 알려주는 '인물 활동사'다. 그래서 연애시처럼 절절하거나 슬픔에 목이 메는가 하면, 때론 무협지처럼 흥미진진하나 결론은 비극의 역사인데, 역사적 지식이 어지간한 사람마저 '어? 이런 사람도 있었나' 하며 놀랄 것이 분명하다.

샌프란시스코의 장명환, 님 웨일즈의 소설 『아리랑』의 주인공 김산, 나석주, 김원봉, 이봉창, 장안을 뒤흔들었던 쌍권총의 사나이 김상옥, 만주 여걸 남자현, 수원 기생 김향화, 이육사, 강우규까지 초개처럼 목숨을 던졌던 독립투사들의 스토리가 대표적인 예다. 1970년의 '전태일'부터 1979년 부마항쟁과 '홍성엽의 위장결혼'까지 비교적 가까운 현대사에 나오는 인물들도 비장함이 이를 데 없다.

●

일본과 중국은 없는 역사도 날조하면서 땅 따먹기에 열중인데 우린 이렇게 뻔히 있는 역사도 제대로 지키지 못하고 있는 것은 아닌가?

역사는 과거를 반성하지 않는 자에게 그 벌로 똑같은 역사를 반복시킨다. 우리가 과거사를 잊거나 제대로 반성하지 않으면 우리는 다시 독재에 시달리거나 일본의 식민지가 되지 않으리라는 법이 있을까?

"민중은 개, 돼지다. 먹을 것이나 던져주면 된다"던 교육부 고위 공직자, 공식석상에서 '천황 폐하 만세'를 삼창하며 자신이 친일파의 후손이라 자랑했다는 국가기관 고위 간부가 무사태평인 최근의 사태들을 보면, 아무래도 친일파의 역사를 두둔하는 세력이 독재의 역사를 두둔하는 세력보다 그 저변이 한참 더 넓은가 보다.

김경훈, 『뜻밖의 한국사』

우리가 아는 역사는 대부분 교과서에서 배운 역사다. 교과서는 교과서이다 보니 정사에 치중할 수밖에 없다. 단군, 주몽, 온조, 박혁거세, 광개토대왕, 김유신, 왕건, 위화도 회군, 임진왜란, 삼전도 치욕, 을사보호조약, 8·15 광복과 6·25 동란 등이 우리가 배운 역사들이다.

『뜻밖의 한국사』에 나온 역사적 에피소드들은 대부분이 그동안 전혀 몰랐던 재미있고 신선한 것들이라는 게 이 책이 지닌 진수다.

●

잘 알려지지 않은 역사적 에피소드 중에 '표류의 역사'가 있다. 표류기 하면 효종 때 제주도에 상륙한 네덜란드 하멜의 '표류기'가 대표적이다. 그런데 반대로 우리나라 사람이 바다 풍랑에 떠밀려 외국으로 표류한 사건을 기록한 우리의『표해록』이 없었던 것이 아니다. 이들의 기착지는 중국, 류큐, 일본 등지이고 사연도 고기 잡으러 나갔거나 과거시험을 보러 떠나다 풍랑에 길을 잃는 등 다양하다.

정조가 죽고 어린 나이에 왕위에 오른 순조가 신유사옥을 일으켜 천주교인들을 박해하기 시작했던 1801년 12월, 남해안 섬들을 돌며 홍어를 사기 위해 우이도(소흑산도)를 출발했던 어부 문순득 일행은 돌아오는 길에 풍랑을 만나 유구국(오키나와)으로 표류한다. 중국을 거쳐 조선으로 돌아오기 위해 출발했던 일행은 또 다시 풍랑을 만나 여송(필리핀)으로 표류한다. 끝내 중국에 도착한 문순득은 광둥, 북경, 의주, 한양을 거쳐 3년 2개월 만인 1805년 1월 8일 고향 소흑산도로 돌아왔다.

당시 조선인으로서는 꿈도 꾸기 어려웠던 일본, 필리핀, 중국 견학을 했던 셈인데 그가 언문에 능한 양반이 아니라서 귀한 경험이 묻힐 뻔했으나, 때마침 신유사옥으로 그곳에 귀양와 있던 다산 정약용의 형이자 『자산어보』를 썼던 정약전으로 인해 역사의 기록으로 남겨둘 수 있었다.

●
선조 때 일본에서 들어온 구황작물 고구마에 얽힌 역사도 그렇다. 고구마가 우리나라 전역으로 전파되기까지는 무려 300년이란 긴 시간이 걸렸다. 그 기간 동안 민초들을 배고픔으로부터 구하기 위해 수많은 선지자들이 고구마 줄기에 매달려 일생을 바쳤다.

이광려(1720~1783)는 벼슬이 참봉에 불과했지만 박학다식했다. 중국의 서적을 뒤져 고구마가 구황작물이라는 것을 알고는 중국 사신이나 일본 통신사들에게 줄기차게 고구마 줄기를 부탁해 재배를 시도했지만 결국 실패했다.

그의 구민 노력에 감동한 강필리가 뒤를 이었는데 남쪽의 따듯한 지방에서 기어이 고구마 재배에 성공해 『감저보』라는 책을 펴냈다.

이제 김장순이 등장한다. 그는 굶주리는 백성을 위해 어떻게든 중부지방까지 고구마를 끌어오고 싶었다. 마침 전라도 보성에서 9년 동안 고구마 재배를 연구한 선종한을 만나 서울에서 시험재배에 총력을 기울였다.

1813년, 김장순은 『감저보』를 펴내 중부지방으로 고구마를 확산시켰다. 아무 지위도 없고 고구마를 심을 땅도 없던 가난한 실학자 서경창은 북쪽까지 재배할 수 있는 고구마 연구에 사력을 다해 『종저방』을 남겼다.

그의 뒤를 『임원경제』의 농학자 서유구가 이었다. 선지자들의 이런 숱한 노력의 결과 1900년대 초 고구마는 가난한 백성들의 고픈 배를 채워주는 전국 작물이 될 수 있었다.

●
『뜻밖의 한국사』가 뜻밖인 것은 알아봐야 그만인 역사적 에피소드들의 잡탕이 아니라 정사와 야사, 양반과 민초들의 내밀한 일상까지를 무시로 넘나들면서 찾아낸, 상당히 의미 있는 역사적 사실들을 모았기 때문이다.

이순신, 『난중일기』

소설로, 영화로, 드라마로, 인용으로 '성웅 이순신 장군'을 접할 일이 많다. 그럴 때마다 '내가 이순신 장군에 대해 모르는 것이 참 많다'는 생각이 든 게 한두 번이 아니다. 심지어는 '원균의 모함으로 삼도수군통제사에서 파면돼 한양의 의금부로 압송돼 왕의 국문을 받았다'는 사실에 대해서도 정확히 언제,

왜 그런 일이 있었는지 남에게 설명할 정도가 못 되었다는 것을 깨닫게 된다. 학교 시험 때문에 암기했던 '임진왜란 때 한산, 명량, 노량대첩으로 나라를 구한 영웅' 정도로나 막연하게 알고 있는 것이 전부라 해도 틀리지 않을 것 같다.

●
 때문에 이순신의 『난중일기』를 제대로 읽는 일은 새로운 독서 경험이 될 수 있다. 일기마다 담고 있는 역사적 배경에 대한 궁금증 없이 보통의 책들을 읽듯이 그냥 읽어나가다 보면 그저 단조로운 일기의 반복이라 도중에 싫증이 나기 십상이다. 그래서 필자는 일기의 문장마다 더 풍부한 역사적 사실이나 배경을 검색해가며 읽어보기로 했다.
 그런 자세로 읽다 보면 이순신의 첫 일기부터 마지막 일기까지 어느 한 날의 기록도 소홀히 읽히지 않는다.

●
 그의 첫 일기는 임진왜란이 발발했던 1592년 1월 1일의 일기로 다음과 같다.
 "맑다. 새벽에 아우 우신과 조카 봉과 아들 회가 와서 같이 이야기를 나누었다. 다만 어머니 곁을 떠나서 두 해째 남쪽에서 설을 쇠자니 슬픔이 복받쳐 온다. 전라 병사의 군관 이경신이 병사의 편지와 설 선물과 장편전(긴 화살), 그리고 여러 가지

물건을 가져왔다."

그의 마지막 일기는 노량에서 적탄에 숨지기 전날인 1598년 11월 16일의 일기로 다음과 같다.

"어제 복병장인 발포 만호 소계남과 당진포 만호 조효열 등이 왜의 중간배 한 척이 군량을 가득 싣고 남해에서 바다를 건너는 것을 한산도 앞바다까지 쫓아나갔던 일을 보고하였다…. 잡은 왜선과 군량은 명나라 군사에게 빼앗기고 빈손이었다."

●

명나라 사신 심유경과 왜장 고니시 유키나가_{소서행장 小西行長}의 강화협상 결과가 거짓으로 들통 나 철수했던 왜군이 다시 부산으로 침략한 것이 1597년 1월의 정유재란이다. 임진년과 달리 가토 기요마사_{가등청정 加藤淸正}에게 선봉을 빼앗긴 고니시 유키나가는 경상우병사 김응서에게 거짓 정보를 흘림으로써 이순신 장군을 부산 앞바다로 유인해 격파하려 했다.

그의 간계를 알아챈 이순신 장군은 임금 선조의 부산 출격 명령을 목숨을 걸고 거부했다. 그리고 명령불복종죄로 2월 한양으로 압송돼왔다. 삼도수군통제사는 원균이 물려받았다. 장군은 임금 한 사람보다 조선이라는 나라와 백성을 더 높이 두고 있었던 것이다.

1597년 4월 1일, 장군은 "맑다. 옥문을 나왔다. 남대문 밖에 있는 윤간의 종의 집에 이르렀다…. 윤기헌도 왔다. 정으로 권하며 위로하니 사양하지 못하고 억지로 술을 마셨더니 취하여… "땀으로 몸이 흠뻑 젖"으며 사형 대신 '백의종군'을 조건으로 석방됐다.

●

다음 날인 2일, 장군은 "저물녘에 성 안으로 들어가 정승(유성룡)과 이야기를 하다 닭이 울어서야 헤어져 나왔"고, 3일 "일찍 남으로 길을 떠"났다. 그날부터 합천에 있던 도원수 권율의 진영에 이르기까지, 이순신을 대신한 삼도수군통제사 원균의 칠천량 해전 참패 후 12척의 배로 다시 조선 수군을 복구하기까지, 13척 대 133척이 맞붙은 '명량 해협의 혈투'를 벌이기까지, 명나라 제독 진린과의 뒷거래(?)로 안전하게 철수하려는 고니시 유키나가와 왜군을 "한 놈도 살려 보내지 않"도록 최후의 노량해전을 준비하기까지 짧게 써 내려간 일기마다 당시의 역사적 배경에 숨은 안타까움, 분노, 탄식과 감동이 이어졌다.

명량에서 천운으로 사선을 넘었지만 "곽란으로 인사불성이 되었다. 대변도 보지 못했다", "병세가 몹시 위험해져서 배에서 머무르기가 불편하였다", "가는 곳마다 마을이 텅텅 비어있었다. 바다 가운데서 잤다", "코피가 터져 한 되 넘게 흘렀다", "생원 최집이 보러 왔는데 군량으로 벼 40섬과 쌀 8섬을 가져왔다. 며칠간 양식으로 도움이 크겠다", "북풍이 크게 불어 배에 탄 군사들이 추위를 견디기 어려웠다. 나도 웅크리고 배 밑창 방에 앉아 있었다. 하루를 지내는 것이 한 해를 지내는 듯 마음이 편치 않았다. 저녁에 북풍이 더 크게 불어 배가 몹시 흔들렸다. 밤새 땀으로 온몸을 적시었다"는 장군 앞에서, 필자의 참았던 울음이 터지고야 말았다.

●

『난중일기』를 완독하는 데 꼬박 10일이 걸렸다. 책이 두껍다거나 내용이 어려워서가 아니었다. 일기마다 문장마다 인터넷의 자료들을 검색해 같이 읽다 보니 속도가 더디었다. 그러나 이순신 장군에 대해 아는 범위는 훨씬 깊어졌고, 넓어졌다.

필자는 이렇게 『난중일기』를 읽기 전까지는 이순신 장군을 완벽히 오판하고 있었음을 비로소 깨달았다. 장군은 하루 이틀, 서너 권의 책으로 알 수 있는 그런 인물이 아니었던 것이다. 10일을 '이순신'에 묻혀있었지만 이제 겨우 장군에 대해 문턱 정도 넘었지 싶다. 그럼에도 '남은 내 인생을 어떻게 사는 것이 중요한 것인지' 또 '이순신 장군은 과연 어떤 사람이었는지'에 대한 지평을 넓혀주는 독서였다.

『난중일기』를 읽은 후라면 영화〈명량〉(2014년 개봉. 김한민 감독)이나 김훈 소설『칼의 노래』를 다시 읽어보길 권한다. 이순신 장군의 삶과 당시 역사가 살아서 다가옴을 느낄 것이다.

이종수, 『류성룡, 7년의 전쟁』

'징비懲毖'는 『시경』에 나오는 말로 '지난 일을 경계하여 후환을 조심한다'는 뜻이다. 영의정 류성룡은 임진왜란 때 총사령관 격인 도체찰사로서 온몸으로 전쟁을 치러냈다. 그가 7년의 전쟁 동안 직접 보고, 듣고, 시행했던 모든 것들을 기록한 책의 이름을 『징비록』이라 이름 붙인 이유는 자명하다. 후손들만큼은 그 시절처럼 나라를 형편없게 만들지 말아달라는 유훈이었다.

●

『징비록』은 임금 선조를 필두로 당시 조선의 실정이 얼마나 형편없었는지를 낱낱이 실토함으로써 지도자는 지도자대로, 국민은 국민대로 진정으로 나라를 위하는 길이 무엇인지 절감케 하는 책이다.

『류성룡, 7년의 전쟁』은 『징비록』이 아니다. 『징비록』을 기반으로 선조실록, 이순신 장군의 난중일기, 도요토미 히데요시, 왜군 선봉장 고니시 유키나가의 편지와 기록까지 샅샅이 뒤져서 '인간 류성룡'에 대한 총체적 관찰을 이뤄낸 평전이다. 그러므로 『징비록』에 더해 7년 전쟁을 치르는 조선 전체, 일본과 명나라 일부의 역사와 실정을 조망하는 플러스 알파가 있다.

●

　류성룡과 선조는 1570년 봄에 만났다. 열아홉의 임금과 스물아홉의 신하였다. 후사 없는 명종의 갑작스런 죽음으로 열여섯 어린 나이에 뜬금없이 왕위에 오른 선조는 미처 세자 교육을 받지 못했기에 군주로서 갖춰야 할 덕목과 수양이 부족했다. 그런 그의 자질은 임진왜란이 터져 왜군이 물밀듯이 한양으로 진격해 오는 순간 여지없이 만천하에 드러나고 만다.

　"전하, 있을 수 없는 일이옵니다. 만약 대가大駕가 이 땅에서 한 걸음만 벗어나면 조선은 이미 우리의 땅이 아닙니다. 평양에 머물며 나라를 보존할 계책을 세우소서."

　왜군이 북진하자 평양으로 도망 간 선조는 아예 중국 요동으로 건너가 명나라 변방의 제후로나 대접받는 '요동내부책遼東內附策'에 '필'이 꽂혀 있었는데 그런 속내는 밀려오는 왜군보다 이반된 민심 때문이었다. 평양으로 도망칠 때 좌의정 윤두수에게 "적병의 절반이 우리나라 사람이라는데 사실이냐"고 묻는 선조의 질문이 그 근거다.

●

　민심 이반의 가장 큰 원인은 평민에게만 온갖 부담을 씌우는, 부패할 대로 부패한 병역제도였다. 압록강가로 떠나는 선조를 막아선 평양 백성들의 분노로 종묘사직의 위패가 땅에 나뒹굴 지경으로 민심은 흉흉했다. 경복궁, 창덕궁, 창경궁이 모두 백성에 의해 불탔고, 노비문서를 쌓아둔 장례원과 형조도 그들에 의해 불탔다. 그들은 왕의 행방을 왜군에게 알리는 방을 붙였고, 임해군과 순화군이 왜군에게 포로가 되도록 했다.

 어디 민심뿐이었겠는가. 한강 사수를 명 받은 도원수 김명원은 한강 건너편에 왜군이 나타나자 병기, 총포, 기계를 강에 가라앉히고 옷을 바꿔 입고 달아나버렸다. 도성 방어를 책임졌던 우의정 이양원도 마찬가지였다. 덕분에 왜군은 피 한 방울 흘리지 않고 강을 건너 도성을 접수했다. 백성도 모두 흩어져 성은 텅 비어 있었다. 당시 조선의 실정이 그 모양이었다.

 결국 북으로 향하는 선조는 광해군에게 왕조를 쪼개주며 명나라로 귀의하는 자기 대신 조선을 지키라 했고, 요동행을 강력히 반대하는 류성룡도 떨어뜨려 도체찰사로서 전쟁을 총지휘하게 했다. 이때 우의정 유홍은 선조를 따르라는 명을 거부하며 광해군을 따르는 막장도 마다하지 않는다. 성정이 불안정한 선조와 중국 땅에 대한 미지의 두려움 때문이었다.

 류성룡은 우선 양반도 책임을 지도록 병역제도를 개선해 이반된 민심을 다독이는 한편, 조선과 명나라의 군사, 군량, 무기, 의병, 작전 등을 총괄하며 일선에서 전쟁을 지휘해나간다. 묵묵히 선조를 따르는 이항복이 "류성룡이 아니면 누가 저 일을 해낼 수 있으랴" 며 그의 인품과 능력을 인정한다.

결과적으로 임진왜란은 땅 위의 류성룡, 바다 위의 이순신이 치러낸 전쟁이었다. 이항복과 '오성과 한음'의 우정으로 널리 알려진 문신 이덕형, 무사 권율, 선조의 질투로 죽은 의병장 김덕령 등 나라의 위기에 진정한 충성심으로 목숨을 걸고 나선 수많은 지사와 그들을 도운 민초들이 그 두 사람과 함께 했다.

전쟁이 끝나고 어이없는 탄핵을 당한 류성룡은 미련 없이 낙향해 『징비록』을 쓴다. 뒤이은 선조의 부름을 끝내 거절한다. 양반의 기득권을 깼던 류성룡의 개혁정책들은 모두 폐기된다. 그리고 300년 후 이씨 왕조는 무너지고 조선은 일본의 식민지로 전락했다.

김시덕, 『동아시아, 해양과 대륙이 맞서다』

일본 열도를 통일한 토요토미 히데요시가 어지러운 전후 국내의 관심을 외부로 돌려 통치기반을 확립하려고 조선과 전쟁을 일으킨 것이 1592년의 임진왜란이었다. 이때 일본은 '명나라를 정복하기 위한 전쟁이니 조선은 길을 비켜달라'는 정명가도征明假道를 침략의 명분으로 내세웠다.

'입술이 없으면 이가 시리다'는 순망치한脣亡齒寒의 순리에 따라 일본과의 완충지대였던 조선이 일본의 수중에 들어가는 것을 막기 위해 명나라는 원군을 파견했다. 조명연합군이 왜군과 맞서던 이 시기 중국 북쪽 만주에서는 여진족 족장 중 한 명인 누르하치가 청나라 건국의 기반을 다지며 서서히 힘을 기르고 있었다.

역사가들은 16세기 말에 벌어진 이 전쟁을 해양세력 일본의 대륙 진출을 저지하기 위한 '동아시아 국제 전쟁'이었다고 해석한다. 전쟁 전 조선의 내부 실정을 낱낱이 파악하고 있던 일본군의 '국제 작전계획'에 예상치 못한 장애물로 등장한 것이 거북선을 앞세운 이순신 장군의 조선 수군이었다.

대륙 정복이라는 일본의 꿈은 남해안 최후의 거점이었던 명량진도 울돌목에서 13척의 함정으로 그 10배인 130여 척의 일본 함정을 격파한 이순신에 막혀 좌절해야 했다. 공식 기록만 '23전 23승'에 빛나는 이순신 장군의 탁월한 역량이 대륙과 해양이 맞붙은 16세기 동아시아 전쟁의 분수령이었던 것이다.

●

20세기, 마침내 조선을 식민지로 만드는 데 성공한 일본은 또다시 유럽의 식민지 정책으로부터 아시아를 지킨다는 '대동아공영권大東亞共榮圈'을 명분으로 태평양 전쟁을 일으키며 중국 대륙과 동남아시아 전역으로 침략을 감행했다. 그러나 대륙

정복이라는 일본의 야심은 이번에는 이순신 장군 대신 미국의 '핵폭탄'에 의해 쓴맛을 봤다.

김시덕의 『동아시아, 해양과 대륙이 맞서다』는 16세기 임진왜란부터 20세기 태평양 전쟁까지 500년 동안 한반도와 일본, 중국 대륙을 중심으로 펼쳐졌던 국제적 대결의 역사를 조망했다.

●

21세기 한반도의 상황이 우리의 의사와 상관없이 주변 강대국들의 이익에 휩쓸릴 수 있음을 누구나 알고 있다. 우리 내부의 단합과 현명한 선택이 그 어느 때보다 절실하다. 그 현명한 선택에 대한 답이 과거의 역사 속에 들어 있다. 『동아시아, 해양과 대륙이 맞서다』를 읽어봐야 할 까닭이다.

천천히 배우고
유유자적

　　　　　　　비우고
_____

장주식, 「논어 인문학」

　흔히 서양의 고전을 이야기할 때 『성서』, 『오디세이아』, 『신곡』을 3대 고전으로 꼽는 경우가 많다. 그렇다면 동양의 고전으로는 무엇을 꼽을까? 일찍이 도올 김용옥 선생이 '성인聖人의 반열에 오른 공자와 『논어』를 빼고서 동양을 이야기한다는 것은 어불성설'이라 한 것처럼, 유학과 유교의 뿌리인 공자의 『논어』를 영순위로 꼽을 수 있지 않을까 한다.

●

　『논어 인문학』은 모두 2권으로 1,000페이지가 넘는 분량이다. 『논어』임에도 공자가 저자가 아니라 장주식라는 것은 그의 의역과 해설이 책의 중심이라는 뜻이다. '학이시습지 불역열호'의 경우 장주식은 우리가 일상적으로 알듯이 '배우고 때로 익히면 기쁘다'를 넘어 '배우고 때에 맞춰 실천하면 기쁘다'고 번역을 했다. '유붕자원방래 불역락호' 역시 그냥 친구가 멀리

서 오는 게 아니라 '뜻을 함께할 사람'이 멀리서 오는 것으로 한꺼풀 깊이 파고들었다. 의역과 해설이 절대적이라고 할 수는 없겠으나 사고의 범주를 넓히는 의역의 단초를 제공하는 것은 높이 살 만한 책이다.

●
전례 없던 폭염으로 온 국민이 경을 치른 게 엊그제건만, 시간의 흐름 앞에서는 그 또한 무상하다. 세월은 어느덧 가을을 지나 겨울이 되고 또 다시 봄을 맞이할 것이다.

분 단위로 쪼개가며 하루를 살아가는 현대인의 삶이겠으나, 때로는 계절의 흐름을 알아차리고, 하루 정도는 방바닥에 배 깔고, 뒹굴며, 먹다, 자다, 자다, 먹다, 그래도 심심커든 그 자세 그대로 '학이시습지 불역열호學而時習之 不亦說乎. 유붕자원방래 불역락호有朋自遠方來 不亦樂乎, 인부지이불온 불역군자호人不知而不 不亦君子乎'를 '세월아 네월아' 일독해 봄은 어떨까. 어쩌면 논어는 작심독파보다 그리 읽어야 더 맛있는 책일 것 같다.

신창호, 『일생에 한 번은 논어를 써라』

초등학교 진학 전 유아들이 벌써 컴퓨터 코딩의 알고리즘을 배우고 알파고 인공지능, 무인비행기 드론, 3D 프린터, 증강현실 등을 키워드로 하는 4차 산업혁명이 이미 진행되고 있다. 그러니 '군자는 주이불비하고, 소인은 비이부주니라君子 周而不比, 小人 比而不周 군자는 사람을 대할 때 두루 통하고 화합하며 한쪽으로 치우쳐 개인적으로 얽매이지 않고, 소인은 한쪽으로 치우쳐 개인적으로 얽매이며 두루 통하거나 화합하지 않는다' 는 '어렵고 고리타분한 언어' 들이 속뜻을 헤아려보기도 전에 사람들은 벌써 손사래부터 칠지도 모른다.

●

그러나 과유불급過猶不及을 한번 보자. 공자의 제자 자공이 스승인 공자에게 "자공과 자하 중에 누가 더 현명합니까?"라고 물었다. 공자는 "과유불급이니라"고 답했다. 자장은 재주가 출중하고 지나치게 뜻이 넓어 일을 함에 있어 항상 중도를 지나쳤다. 반면 자하는 일을 함에 충실하나 뜻이 지나치게 협소해서 항상 중도에 미치지 못했다. 공자는 이를 지적해 "지나친 것은 미치지 못하는 것과 같다"고 했다.

필자는 여기에서 나아가 '지나침은 미치지 못하는 것보다 오히려 못하다' 고까지 생각한다. 주위를 둘러보면 그렇지 않은가? 사회적 물의를 일으키거나 개인적으로 불행한 사태를 초래하는 사건의 중심에는 반드시 '무리함, 지나침' 이 그 원인임이 훤히 드러난다. 범죄를 저질러 감옥형을 받는 사회 지도층들은 특히 그렇다.

먹는 것, 마시는 것, 즐기는 것 등 우리 생활의 모든 것들도 그렇다. 그 지나친 것을 우리는 흔히 '중독' 이라고 한다. 고로 필자는 대통령도 장삼이사도 가장 새겨야 할 불세출의 삶의 지표가 바로 과유불급, 너무 깊숙이 선을 넘지 않고, 중도를 지키는 것이라고 항상 스스로에게 다짐한다.

●

『논어』는 술술 읽어나가는 책이 아니라 한 문장을 오랜 시간에 걸쳐 잘근잘근 씹어 삼키는 책이다. 인간과 세상이 그때와 비교할 수 없도록 복잡해진 지금 더욱 주옥같은 삶의 지혜로 다가온다.

신창호의 『일생에 한 번은 논어를 써라』는 우리에게 꼭 필요한 논어의 가르침을 뽑아 그 뜻을 읽고 이해한 후 책에다 직접 문장을 써보도록 편집됐다. 직접 논어의 핵심 구절을 베껴 써 보는 것(필사)과 그냥 읽기만 하는 것의 차이는 직접 경험해보면 곧바로 느끼게 될 것이다.

●

2500년 전의 『논어』는 21세기 정보화와 4차 산업혁명의 시대에 오히려 처세, 인격수양, 득도와 성공의 비술을 알려준다. '불멸의 고전' 임이 분명하다.

양승권, 『장자, 너는 자연 그대로 아름답다』

 자신의 그림자가 두렵고, 발자국 남기는 것이 싫어 그것들로부터 멀리 떨어지려고 내달린다. 그러나 달리면 달릴수록 발자국은 더 어지러이 남고, 그림자 역시 찰싹 달라붙는다. 자신이 늦게 달려서 그런가 싶어 속도를 더 높여 달리다 그만 힘이 부쳐 죽고 만다.
 그늘진 곳으로 들어가면 그림자도 없고, 거기서 움직이지 않으면 발자국도 생기지 않음을 그는 몰랐을 것이다.

●

 『논어 인문학』의 장주식에 따르면 공자의 제자를 자처한 맹자는 사람이 도달할 수 있는 경지로 여섯 가지를 들었다고 한다. 착한 사람善人, 믿음직한 사람信人, 아름다운 사람美人, 큰사람大人, 거룩한 사람聖人, 신령스러운 사람神人이 그것이다.
 장주식은 '『논어』를 읽고 서로 이야기를 나누고 삶 속에서 조금씩 실천하다 보면 착하고 믿음직한 사람까지는 될 수 있을 것 같다. 독자들도 그런 기쁨을 얻기를 바란다' 고 했다.
 만약 그러한 『논어』에 『장자』까지 더한다면 무슨 일이 일어날까? 3,000리 날갯짓 한 번에 9만 리 하늘로 박차오르는 대붕의 경지에 이르지 않을까?

● 옛날에 흔한 말로 '군대 가면 나서지도, 처지지도 말고 중간만 가라'고 했었다. 너무 잘해도, 너무 못해도 괴로운(?) 일이 똑같이 생긴다는 뜻이다. 그런데 이 말의 뼈대가 장자에게서 유래된, 철학적 근거가 튼튼한 말이었다.

장자 가라사대 "산속의 굽은 나무는 쓸모가 없어 장수하고, 울지 못하는 거위는 쓸모가 없어 죽는 것이라. 쓸모 있음과 쓸모없음의 중간에서 온전히 자연에 몸을 맡기면 재앙을 면할 것이라" 했다. 어떤 어르신은 이 대목에서 젊어서는 자신을 적극적으로 주장하는 우는 거위가, 늙어서는 뒤따르는 사람들의 그늘이 되어주는 굽은 나무가 되라고 말씀하신다.

● 9만 리 하늘 위까지 올라야 비로소 바람이 구름 같은 날개를 받쳐 날 수가 있는 새. 하루 9만 리, 6개월을 날고서 한 번 쉬는 대붕의 날갯짓에 바닷물은 3,000리를 튄다. 작은 나무 가지 사이를 촐싹촐싹 날아다니는 촉새와 산비둘기는 대붕이 왜 그리 높은 곳까지 올라가는지 도대체 이해할 수가 없다. 더구나 자신의 입에 물린 애벌레를 혹여 대붕이 빼앗아 먹을까봐 짹짹거리며 아우성이다.

촉새와 산비둘기가 누군지는 모르겠으나 대붕은 장자다. 대붕은 무한한 공간에서 누리는 '절대 자유'를 상징한다. 장자 철학의 핵심이다.

●

절대 자유의 경지에 도달하려면 먼저 몸과 마음에서 힘을 빼는 것이 관건이다. 몸에서 힘을 뺀다는 것은 술 취한 사람과 멀쩡한 사람이 마주 달리다 부딪쳤을 때 술 취한 사람이 훨씬 덜 다치는 이치와 같다. 수영을 못하는 사람이 살기 위해 몸에 힘을 주다 오히려 익사하는 것과 같다. 배로 강을 건너는데 빈 배가 와서 부딪치면 아무리 속 좁은 이도 화를 내지 않을 것이나 그 배에 사공이 있다면 갖은 욕설을 퍼부을 것이다.

그러니 내가 '빈 배'가 되어 유유자적 노닌다면 어느 배에 부딪친들 누가 뭐라 하겠는가! 이것이 장자의 허주虛舟, 빈 배론이다.

●

똑똑한 스마트폰 덕에 일과 말도 덩달아 많아졌다. 말이 많아지니 쓰레기가 범람하고 마침내 그 쓰레기들이 괴물이 되어 인간을 덮친다. 많이 알면 생각이 많아지고, 생각이 많으니 스트레스도 커진다.

그럴 때 아무 생각 없이 '장자의 빈 배'에 몸을 좀 실어보자.

채한수, 「천천히 걸으며 제자백가를 만나다」

'세유백락연후유천리마 世有伯樂然後有千里馬'

당송팔대가 한유의 시구다. 아무리 훌륭한 천리마라도 '백락'이라는 천재적 말(馬) 감별사를 만나지 못하면 천리마로 대우 받지 못한 채 보통 말처럼 일하다 죽게 된다는 뜻이다. 사람 역시 자신의 능력을 제대로 알아주는 사람을 만나야 그 능력을 마음껏 발휘할 수 있음을 말한다.

●
이 책은 중국의 오랜 고전에서 삶과 경영의 지혜를 뽑아낸 책이다. 저자 채한수 선생은 30여 년 넘게 고등학교에서 '고전문학'을 가르쳤다. 그는 한 순간의 실수나 착오로 인생을 힘들게 사는 많은 제자들, 특히 잘 나가다 체념에 빠진 사장, 판사, 검사 출신 제자들을 보면서 중국 고전에서 '올바른 삶의 답'을 찾아주고자 이 책을 쓰게 되었다고 한다.

우리가 지금도 자주 쓰는 우물 안 개구리 정저지와의 시원은 기원전 3세기, 그러니까 지금으로부터 2300여 년 전이다. 장자를 비웃는 공손룡에게 위나라 공자 모가 깨우침을 주는 우화가 지금까지 흘러왔다.

새옹지마도 마찬가지다. 말이 가출을 해서 슬펐다가, 새끼들을 거느리고 와서 좋았다가, 아들이 말을 타고 놀다 다리 불구가 돼서 슬펐다가, 전쟁이 나서 젊은이들이 징집돼 모두 죽는 와중에 아들은 불구라서 징집을 면해 살았다. 인생은 팔자다, 그런 이야기다.

이 이야기의 교훈은 모든 일을 운명에 맡기고 체념하라는 것이 아니라 삶은 변화무쌍하니 일희일비一喜一悲하지 말고 진득하게 처신하라는 것이다.

●

장자는 말 감별사 백락을 심하게 비난했다.

"넓은 들판을 뛰놀며 배고프면 풀을 뜯고 목마르면 물을 마시는 자유로운 말을 잡아와 고삐를 매고 재갈을 물린 후 가혹한 훈련을 시키면서 수많은 말을 죽인 후에야 한 마리의 천리마가 탄생한다. 말의 천성인 자유를 구속하고, 그들을 학대한 백락을 사람들은 알지 못한다."

그러고 보니 맞는 말이다. 장자는 지금으로 치면 '동물보호론자'에 더해 '인권운동가'로 해석해야 할 것 같다.

●

말馬 이야기가 나온 김에 '한비자' 편 '아열'이라는 송나라 사람의 말 이야기 하나 더 말하자. 그는 이리저리 돌려 말을 잘하는 변설辨說로 유명했다. 그가 하루는 백마를 끌고 제나라 국경을 통과하는데 관문을 지키던 병사들이 말의 통과세를 내라고 하자 변설을 늘어놨다.

"백마는 흰색과 말이 보태졌으므로 100퍼센트의 말이 아니다"라는 것이다. 그러자 관문을 지키던 수문장이 "그럼 흰색만 떼서 가져가고 말은 남겨놓고 후일 와서 세금을 내고 찾아가라"고 응수, 한 방에 보내버린다. 그러니까 춘추전국시대에 만발했던 백가쟁명 속에는 셰익스피어의 명작 『베니스의 상인』이 벌써 있었던 것이다.

●

무료할 때 머리맡에 두고 아무 페이지나 펼쳐 조금씩, 걸어가며 읽기 참 좋은 책이다. 거의 1000년에 걸친 백화제방을 섭렵한 것이라 인격수양은 물론 출세를 위한 처세술과 자기개발, 자기관리, 위기극복의 지혜가 다 들어 있다.

장자화, 『장자화의 사기』

명불허전의 동양 고전으로 『삼국지』와 『사기』는 터줏대감격이다. 『삼국지』를 서너 번 읽었다며 '내 인생 한 권의 책'으로 치는 사람이 많은 것은 무수한 전략전술, 처세술, 용인술, 리더십 등의 지혜가 그 안에 있다는 이유에서다.

틀린 말은 아니다. 그러나 나관중의 『삼국지』는 기본적으로 정사에 기반한 역사소설이다. 나관중의 작가적 주관에 따른 창작이므로 '교훈의 개연성'에 한계가 분명하다. 나관중이 원말 명초 시대 작가였기에 몽골인을 물리치고 새로 들어선 한족의 나라 명에 대한 자부심으로 '유비'에게 우호적인 반면 조조에게는 야박했을 것이다. 그러나 현대 독자들 중에는 유비에 대한 부정적 평가와 조조에 대한 긍정적 평가를 하는 사람들이 많다는 게 그것을 입증한다.

●

『삼국지』와 달리 사마천의 『사기』는 그가 살았던 한漢나라 이전 3000년의 중국 고대사를 약 15년이 넘는 것으로 추정되는 세월 동안 130편에 걸쳐 집대성한 역사책이다. 『사기』가 빛나는 것은 황실의 역사를 넘어 상인, 협객, 도적, 말단 관리까지 광범위하게 다뤘다는 것과 사마천의 탁월하게 예리한 '삶, 처세, 정치, 도덕'의 교훈과 통찰이 곁들여졌다는 것에 있다.

사마천의 탁월한 통찰력은 어디에서 나왔을까?

"사람은 언젠가는 죽게 마련이다. 어떤 죽음은 태산보다 무겁고, 어떤 죽음은 깃털처럼 가볍다"는 그의 신념에서 나왔다. 그 신념은 이릉 장군을 변호하다 궁형거세를 당해 바닥으로 떨어진 '오체투지'의 극한성찰에서 나왔다. 오랜 고행 끝에 득도를 하는 인도 수행자들과 비슷한 이치다. 『사기』가 2000년 넘

어 지금까지 사람들에게 사랑받는 이유다

●

"깃털도 많이 쌓이면 배가 가라앉고, 가벼운 짐도 너무 많이 실으면 수레의 축이 부러지며, 뭇사람의 말은 쇠도 녹일 수 있고, 비방이 많이 쌓이면 멀쩡한 사람을 죽일 수 있다고 했습니다. 왕께서는 심사숙고하시길 바랍니다."

『장자화의 사기』시리즈 제 3권 '세 치 혀로 세상을 바꾸다' 중 6편 '각개격파'에서 소진의 합종合從론에 맞섰던 장의를 다룬 대목에 나오는 대사다. '진, 연, 초, 제, 조, 위, 한' 나라가 패권을 다투던 중국 전국시대 강대국 진나라를 나머지 나라들이 섬기며 평화체제를 유지하자는 '팍스진Pax Jin'의 연횡連衡론을 폈던 장의가 위나라 장왕을 설득하며 했던 말이다.

머나먼 전국시대 역사적 사실을 독서하기 전에 말이 너무 멋있고 익숙하다. "깃털도 쌓이면 배가 가라앉는다. 가벼운 짐도 많으면 수레 축이 부러진다"는 말은 '가랑비에 옷 젖는다', '잔매에 골병든다'는 우리 속담도 생각나고, 『대망大望』의 주인공 도쿠가와 이에야스의 '풀잎 위의 이슬도 무거우면 떨어진다'는 유훈도 생각난다.

"뭇사람의 말과 비방이 쇠도 녹이고 멀쩡한 사람을 죽인다"를 대하는 순간 인터넷 '악플'이나 '마녀사냥', '신상 털기' 등 요즈음 광기의 사회가 불현듯 스친다. 이런 것들이 사실은 사마천의 『사기』를 읽는 묘미다.

●

저자 장자화는 대만의 중국문학 연구가 겸 소설가다. 특별히 『사기』 전문가다. 방대한 『사기』 원본 중에 21세기 독자들에게 여전히 유효할 인물들의 역사만 추려서 정리하고 해설을 붙였다. 모두 5권 시리즈인데 제1권 '큰 그릇이 된다는 것', 제2권 '무엇을 위해 죽을 것인가', 제3권 '세 치 혀로 세상을 바꾸다', 제4권 '비상시국에 살아남는 법', 제5권 '역사에 이름을 새기다' 라는 제목으로 번역되었다. 발췌나 요약을 읽는 것도 경우에 따라 매우 필요하고, 경제적인 독서법이다.

●

선거 때만 되면 약방의 감초처럼 언론에 등장하는 합종연횡合從連橫을 비롯해 와신상담臥薪嘗膽, 절치부심切齒腐心, 오월동주吳越同舟, 맹상군의 계명구도鷄鳴狗盜, 십상시 조고의 지록위마指鹿爲馬, 항우의 사면초가四面楚歌, 유방과 한신의 토사구팽兎死狗烹 등 우리가 아는 대부분 고사성어의 출처가 사실은 『사기』이다.

때로는
눈을 돌려

계절과 강산을 음미하라

박정배, 『음식강산』

사람마다 관심과 취향이 다른 것처럼 책도 마찬가지다. 문학이나 역사책을 좋아하는 사람이 있는가 하면 철학이나 예술책을 좋아하는 사람이 있다. 같은 문학이라도 소설, 에세이, 시로 갈린다. 소설은 다시 공상이 있고, 연애가 있다.

그중에서도 박정배의 『음식강산』 같은 책을 읽는다는 것은 정말이지 고문이다. 저 남쪽 다도해에 소리 소문 없이 풍경처럼 들어앉아 있는, 이름도 낯선 녹동항을 여행하며 '천하별미 붕장어탕' 한 사발을 뚝딱 먹어치우는, 심지어 소주 한 병을 같이 마시는 저자의 실제 이야기를 그저 책으로나 읽으며 침만 흘려야 한다면 그 고통이 오죽하겠는가 말이다.

'책은 앉아서 하는 여행, 여행은 길 위에서 읽는 책'이란 명언도 '맛 여행' 앞에서는 무효다.

●

저자는 '박정배의 맛 따라 멋 따라 대한민국 음식지도', '박정배가 찾은 최고의 맛집', '박정배 조성재의 의식동원', '우리 땅 우리음식' 등 칼럼과 방송으로 활동하는 맛 전문가다.

『음식강산』표지만 봐도 이 책의 느낌이 온다. 가히 21세기 음식 대동여지도라 할만 하다. 이는 저자에게 10년의 맛집 배회, 2년의 현장 취재, 그 사이사이마다 도서관을 뒤졌던 열정이 있었기에 가능한 일이다.

1부는 삼면 해안가의 해물 맛집 탐방이다. 문어, 대구, 바다장어, 민물장어, 전어, 홍어, 과메기, 도루묵, 명태, 꼬막, 굴이 레시피의 주인공들이다. 붕장어아나고, 갯장어바다장어, 뱀장어 풍천장어를 회와 탕과 구이로 먹어보는 풍성한 미각의 체험을 논論한다. 2부는 삼천리 '누들로드' 국수면집 탐방이다.

저자는 보기 드문 '고수' 다. 요리 전문가의 매뉴얼 강의나, 식당 주인들에게 골칫거리라는 일명 '파워 블로거' 수준의 '탐방' 이 아니다. 주제는 음식이지만 소재는 사진, 여행, 풍류, 역사, 문학이 물 흐르듯 어우러진 가히 '섭렵' 이다.

●

육아 맞벌이에 지쳤던 우리 부부는 토요일 간만의 늦잠 후 느긋하게 '아점' 을 먹고서 청소, 빨래 등 밀린 집안일로 오후를 보냈다. 저녁은 근처 식당에서 김치찌개 같은 라이트한값싼 외식, 일요일 저녁은 좀 멀리 나가 헤비한^{비싼, 그래봐야 돼지불고기} 외식으로 아내의 부엌일을 줄였는데 그게 지금까지의 가정문화가 됐다. 그러나 이 책을 읽으며 가끔은 이 계절의 흐름을, 이 강산을 맛보고 음미하는 식사를 그려보게 됐다.

그러니 일주일 내내, 사계절 내내 고생한 독자 여러분들이여! 이번 일요일에는 '음식강산' 으로 떠나봄이 어떠한가? 먹고 죽은 귀신이 때깔도 좋다 하지 않던가.

강혜순, 『꽃의 제국』

산과 들의 길가에 저 혼자 조용히 살아가는 야생화나 나무들. 뿌리의 계통과 이름의 족보가 분명히 있는데도 '저 나무, 이 꽃' 으로 불리는, 심지어는 '잡초, 잡목' 으로 불리는 식물들의 세계. 그러나 그 세계를 조금만 자세히 들여다보면 우주의 섭리가 보인다.

●

빌 브라이슨의 명저 『거의 모든 것의 역사』에 따르면 가장 깊은 바다 밑부터 에베레스트 산 꼭대기까지 생물이 살 수 있는 지구 공간의 높이는 20킬로미터다. 우리가 사는 집을 우주라 친다면 20킬로미터는 지붕의 페인트칠 두께도 안된다. 인간은 그중 0.05% 안에서 생존이 가능하다. 물속, 땅속, 하늘이 아닌 육지에서만 살 수 있는데 인류가 살기 적합한 육지는 전체의 4%에 불과하다.

강혜순의 『꽃의 제국』은 나머지 96%까지 광범위하게 지구를 지배하는 식물들의 번식 전략에 관한 보고서다. 식물의 세계와 생존 전략을 다룬 책들 중 오래된 스테디셀러다. 실상의 지구는 '만물의 영장' 인류의 제국이 아니라 '꽃의 제국'이라 그들에게서 배울 지혜가 많다는 것이다.

식물학자의 고지식함보다 독자의 눈높이에서 생존과 번영을 위한 식물들의 치밀한 세계를 흥미롭게 다뤘다. 근접 촬영(접사)과 고품질의 사진자료 또한 다른 책들보다 압권이다. 저자의 설명을 쉽게 이해할 수 있도록 같이 편집된 사진들이 매우 고품질 일색인데 사진의 품질을 위해 종이 또한 고급지를 썼다.

누구든 일단 손에 넣으면 '쉽게 남 주기 아까운 책'이라 생각할 것이 분명하다. 필자 역시 아무리 귀한 손님이 와서 서재의 책들을 탐하더라도 이 책은 절대로 주지 않는다.

●

저자는 '두뇌도 없는 식물이 어떻게 수억 년 동안 지구를 지배했을까?'라고 묻지만 그건 역설로 읽힌다. 식물은 20만 년 전 지구에 출현했던 호모사피엔스보다 무려 35억 년이나 먼저 태어났다. 먹이사슬의 맨 아래에서 동물들의 '식량과 산소'를 틀어쥐고 있는 그들은 지구상 생명체의 99%를 점유하고 있다.

'식물인간'이라는 인간들의 폄훼와 달리 그들도 뇌가 있고 언어가 있고, 생각이 있다. 아파하기도 한다. 식물의 세계는 동물보다 더 영악하고 치밀하다. 그들의 번식과 생존 전략에 빠지다 보면 조물주를 부정할 수 없다.

●

5월이면 울진 불영계곡은 소나무 꽃가루(송홧가루)로 노랗게 물이 든다. 바람에 꽃가루를 날려 바늘구멍보다 작은 0.04밀리미터의 암술머리에 안착시켜야 하는 풍매화의 번식 전략은 '인해전술'이다. 소나무 한 그루가 대략 약 1조 개의 수술 가루를 바람에 날린다.

금낭화나 얼레지 같은 꽃들은 주로 개미를 유인해 씨앗을 퍼뜨린다. 물론 공짜는 없다. 이들 식물들은 개미를 부리기 위해 개미의 식량이 될 우유병(엘라이오좀)을 씨앗 껍질의 일부에 장착해둔다.

곤충 중 유일하게 날개가 몸통보다 작은 꿀벌은 비행을 위해 초당 약 230번의 날갯짓을 한다. 꿀을 따와 로열젤리를 만드는 일벌은 중노동으로 인해 수명이 평소보다 줄어들 정도다. 여름에 피는 인동초 꽃은 흰꽃과 노란색 꽃을 함께 볼 수 있어 금은 화라고도 한다. 흰 꽃은 아직 수정이 되지 않은 꽃이고, 노란 꽃은 수정이 끝난 꽃이다.

노란 꽃에는 더 이상 꿀이 없다. 인동초는 꽃 색깔을 변화시켜 꿀벌에게 미리 꿀이 없음을 알려주는 것이다. 꿀도 없으면서 꿀벌에게 '사기를 치면' 열 받은 꿀벌이 이듬해에 오지 않을 수도 있다. 그럼 종족 번식도 끝이다.

인동초는 꿀벌의 헛수고를 막는 배려를 함으로써 공존의 길을 택한다. 남을 배려하는 것이 곧 나를 위하는 길임을 식물 인동초가 간명하게 일깨워준다.

●

이 책은 세 가지 점에서 유용하다.

첫째, 요즘 사회적 소통 도구인 SNS는 소위 '먹방'을 필두로 꽃(특히 야생화), 전원일기, 사진, 문학 등 '삶의 질'이 있는 주제들이 휩쓸고 있다. 꽃의 생김새와 특징을 파악하는데 이 책은 제격이다.

둘째, 각자 꽃의 특징 중 가장 중요하게 다뤄지는 것이 '종족 번식 전략'이다. 출생 후 사회적 훈련을 통해 두뇌가 완성되는 인간과 달리 비록 창조주의 프로그래밍에 따라 움직일 뿐이지만 그들의 전략을 읽다 보면 살면서 해결해나가야 할 문제들의 지혜로운 답이 문득 보이기도 한다.

 셋째, 늦가을에 잎을 모두 버리고 나목으로 한겨울을 버티는 나무들을 보면서 '나무는 잎에 있는 영양분을 모두 줄기에 회수해 겨울나기를 준비한다. 봄이 오면 새잎을 내 질소 등 줄기에 저장했던 영양분을 이용해 광합성을 힘차게 해 식량(에너지)을 생산해 성장하고 번식을 꾀한다' 는 자연과학 상식도 알게 된다. 아이 키우는 부모라면 '깨알 상식' 이다.

●

 '나팔꽃씨' 는 한의학에서는 유용한 약재로 쓰이지만, 장복하면 몸을 해치는 음습한 존재로 대우 받는 경우도 있다. 호사가들은 그 이유를 나팔꽃이 '암수한꽃' 인 데서 찾는다.
 암수한꽃은 하나의 꽃봉오리 안에 암술과 수술이 모두 갖추어져 암꽃과 수꽃의 구별이 없는 꽃인데 나팔꽃이 그 대표다. 유전학적으로 볼 때 극히 열성 인자다. 몸에 해로울 수밖에 없다는 것이다.
 그런데 이를 나팔꽃 입장에서 해석해보면 어떻게 될까? 암꽃과 수꽃이 각각 따로 널려있는 꽃은 어차피 바람이든 벌이든 누군가에 의해 꽃씨가 퍼트려져야 하므로 꽃씨 방어에 대한 전략을 세울 이유가 없다.
 그러나 나팔꽃은 꽃씨나 꽃이 훼손되는 순간 번식 없는 종말을 맞는다. 그러니 '함부로 나를 따서 먹다가는 너의 몸이 망가진다'는 무기를 갖춰야 하지 않았을까?

●

평소 등산이나 숲길 산책을 즐기는 필자는 지천에 널린 식물들을 보면서 딱 한 가지가 늘 부럽다. 그들이 예외 없이 빛과 물을 이용한 엽록체의 광합성으로 에너지(식량)를 자체 생산한다는 점이다. 소설가 김훈의 『밥벌이의 지겨움』에 나오는 것처럼 '밥벌이'가 궁극적으로 우리 인간을 얼마나 힘들게 하는가 말이다.

한겨울에 모든 잎을 버린 채 알몸으로 서서 눈 쌓인 가지로 칼바람과 대결하고 있을 때는 불쌍해 보이기도 하지만 그것 또한 인문학적 관점일 뿐이다. 알고 보면 잎으로부터 모든 영양물질을 회수해 봄에 있을 광합성에 대비하는 식물의 지혜로운 생존전술인 것이다.

저자는 "꽃은 식물의 생식기다. 그것을 경쟁적으로 치장하고, 자랑함으로써 종족 번식을 꾀한다"고 한다. 우리 인간들은 식물의 생식기를 꺾어 생일을 축하하거나 거실을 장식한다. 제철이 아닌데 식물의 꽃이 피는 경우 인간들은 '철없는 꽃, 미친 꽃'이라 하지만, 사실은 무엇인가로부터 생명에 위기를 느껴 번식을 서두르기 때문이라고 한다.

지구상에서 가장 거대한, 장수 생물은 자이언트 세콰이어다. 이 나무는 산불이 나 주변 온도가 200도 이상 올라가야 씨앗을 터뜨려 번식을 꾀한다. 스스로는 1미터에 달하는 껍질 속에 수분을 충분히 담아 산불을 견디어 낸다.

 뜨거운 불 앞에서 모든 생물이 소멸될 때 남다른 번식을 선택한 역설의 결기가 그에게 제왕의 관을 선물하지 않았을까?

 '사즉생 생즉사死卽生 生卽死'의 진리이자 '블루오션 전략'이리라.

4.

겨울의
지혜에
맞서다

읽고
또 쓰니

_____즐겁지 아니한가

박균호,『독서만담』

　세계의 지성이자 책벌레였던 이태리의 고故 움베르토 에코와 프랑스 작가 장클로드 카리에르의 대담을 엮은『책의 우주』에서 두 사람이 '인큐네뷸러Incunabula'에 대해 대화를 나눈다.
　인큐네뷸러는 고려시대『직시심제요설』보다 약 78년 뒤떨어진 1455년 경 독일의 쿠텐베르크가 유럽 최초의 금속활자로 찍어 낸『성서 42행』이후 1500년 12월 31일 밤까지 인쇄된 책들을 이른다. 유럽의 애서가들은 현존하는 인큐네뷸러를 소장하는 것을 소원하는데 에코 자신도 30여 권을 가지고 있다고 자랑한다.

●
　'천국으로 가는 길은 책으로 뒤덮여 있다'고 단언하는『독서만담』의 저자 박균호 씨는 한국에서 둘째가라면 서러울 책벌레이자 책 수집가다. 화폐나 우표, 수석壽石 등 수집 마니아들이 대부분 그렇듯이 손에 넣고 싶은 자기만의 인큐네뷸러(고서나 희귀한 책)를 향해 저자가 보이는 열정은 상상 이상으로 '지독' 할 정도다. '교양 있는 장서가가 죽어 그 유족들이 귀한 책들을 저울로 달아 팔아 치울 때가 대박' 이라는 말로 그것이 가늠된다. 그의 책과 책 수집에 관한 일가견은 『오래된 새 책』, 『수집의 즐거움』이란 단행본으로 이미 출판돼 있다.

중요한 것은 그의 책 수집이 단지 수집에 그치는 것이 아니라는 것이다. 그가 과거 수집에 열을 올렸던 책들은 읽고 싶었으나 시중에서는 쉽게 구할 수 없는 절판본이다. 그는 읽기 위해 책을 사들였던 것인데 같은 번역본이라도 여러 출판사 별로 나온 책들을 죄다 구해서 다 읽고 비교까지 할 정도로 독서가 우선인 책벌레다.

"4대 선조인 고조할아버지의 어려운 한문 서책들을 고이 모시고 있는데 반쪽짜리 소장에 지나지 않는다. 내가 그 책들을 읽고 감흥을 느끼며 활용해야 온전한 소장의 의미가 있다"는 말에서 서재에 대한 그의 분명한 생각이 드러난다.

●

『독서만담』이 빛나는 것은 산골 어딘가에서 학생들을 가르치는 것을 업으로 하는 듯한 저자의 디테일한 '수다' 탓이다. 바구니에 갇힌 게들의 부산스런 몸짓마냥 발랄한 제자들과의 수다가 그대로 책으로 옮겨온 듯한 그의 넉살은 가히 '쉽게 읽히

도록 잘 쓴 책'의 모델 감이다. '츄리닝, 난닝구, 삼선 쓰레빠'
로 무장하고 밤낮으로 동네를 어슬렁거리는 '아재 패션'이 그
의 문체를 대변한다. 책을 읽는 즉시 머릿속에서 코믹 만화나
시트콤 드라마가 그려진다고 하면 이해가 빠르겠다.

●

책벌레 저자는 추억 속의 친구들, 아내, 딸 등과 얽힌 감성적
사건들을 이야기하는 궁극에 자기가 읽은 책을 들고 나온다.
지독한 공처가로 묘사되는 저자가 아내와 냉전 중에 '승리'를
위해 벌이는 심리전은 영화 〈양들의 침묵〉을 방불케 한다.

시장에서 산 쌀 포대를 어깨에 둘러맸다가 '품격 없다'는 아
내의 핀산에 오기가 작동해 옆구리에 끼고서 쩔쩔매던 저자는
'공부해야 여자의 심리를 알 수 있다'며 결혼 전 필독서로 『최
성애 박사의 행복수업』, 『셀프 & 커플 5분 마사지』, 『화성에서
온 남자 금성에서 온 여자』를 권장한다.

'하찮은 쌀포대의 품위'는 그새 '품격 있는 죽음, 웰다잉
welldying'의 고뇌로 옮겨간다. 그에게 웰다잉에 대한 성찰을 안
겨줬던 책들은 김훈의 소설 『화장』, 파드마삼바바의 『티벳 사
자의 서』, 시니의 『죽음에 관하여』 등이다. 『티벳 사자의 서』는
이 분야 고전이고 『죽음에 관하여』는 만화지만 스토리가 탄탄
하다.

이런 식으로 이야기마다 등장하는 유관 주제의 책들이 어느

한 권도 그저 그런 책이 아니라는 것에서 독자들은 저자가 가히 '국대급 책벌레' 임을 인정하게 될 것이다.

●

그런 그가 독서와 글쓰기의 교본으로 머리맡에 두고 있는 책은 김현의 전집인데 그 중에서도 『행복한 책읽기』 문학과지성사, 1992를 '독서 에세이계의 조상' 으로 친다. 여러 독서법 중 『독서만담』처럼 '책에 대해 잘 써진 책에서 인용되는 책들을 한 권 한 권 따라가며 읽는 것' 도 효과가 좋은 방법이다.

윤승용, 「리더의 서재에서」

메르스 제압을 위해 최전방에서 사투를 벌이고 있는 의료인들과 가족들이 따돌림의 대상이 되었던 때를 기억한다. 변괴 중의 변괴였다. 누구보다 격려 받고, 위로 받아야 할 사람들이 그들이었다.

헤밍웨이의 『노인과 바다』, 폰 예링의 『권리를 위한 투쟁』이 우리에게 말하는 존엄성과 지성을 갖추지 못한 민낯이 사회적 위기 앞에서 그대로 드러났던 것이다. 이게 다 '책에서 밥 나오냐' 며 책을 멀리 한 결과다.

●

　읽어야 할 책들이 너무 많아, 읽지 못하는 책들이 너무 많다. 『그리스인 조르바』, 『안나 카레리나』, 『까라마조프 가의 형제들』도 그렇다. 한국인도 다 읽지 못하는 판에 언제 그리스인까지, 하동 평사리 최참판 댁 사연(박경리의 『토지』)도 벅찬데 저 멀리 러시아 지주 가문의 내력까지 신경 쓸 시간이 있겠는가.

　그런데 "20대에 읽었던 최고의 책으로 자유로운 인간으로 산다는 것의 의미를 일깨워주었다. 책을 읽다가 숨이 가쁠 정도로 가슴이 벅차올라, 연세대학교 야구장에 가서 무작정 뛰었던 기억이 난다"고 하는 김상근 교수의 인터뷰 글을 읽는 순간 『그리스인 조르바』를 읽지 않고는 더 이상 버틸 재간이 없어 낭상 뛰쳐나가 책을 사오고야 말았다. 이게 나 언론인 윤승용의 『리더의 서재에서』 탓이었다.

●

　여전히 '책에서 밥 나오냐' 묻는 사람들이 종종 있다. "어디 밥만 나온다 뿐이겠는가. 책에는 희망, 꿈, 지혜, 미래까지 모든 것이 들어있다"고 『리더의 서재에서』 대신 답하는 이는 김윤주 전 군포시장이다. 저자가 만난 34명의 리더 중 단연 돋보이는 사람이다.

　가정형편이 어려워 중학교 진학을 못했던 그는 외삼촌 책방의 일손을 도우며 서가의 책을 모조리 읽는 것으로 그 한을 삭였다. 책방의 모든 책을 독파하자 소년에게는 세상에 대한 전혀 새로운 지평이 열렸다. 책은 도끼였고, 책에 길이 있었고, 책이 그를 선출직 공무원으로 취업시켰다. 닥치는 대로 책을 읽으며 아픈 마음을 달랬던 것이 나중에 세 번이나 시장에 당선돼 '책 읽는 군포'부터 이룬 행적의 시작이었다. '책심이 밥심이다'의 산 증거이다.

●

'사람은 책을 만들고, 책은 사람을 만든다. 책 한 권이 한 사람의 인생을 바꾸고, 나아가 세상을 바꾼다'는 말은 100퍼센트 맞는 말이라서 외려 진부하다. 그럼에도 34명 리더들의 독서 편력을 듣자면 나와 내 자식들이 더욱 책과 친하게 지내야겠다는 생각이 절실해진다.'

●

이 책은 다음과 같은 여러 방향으로 읽힌다.

첫째, 인간의 존엄성을 최고로 여기는 34명 리더들의 삶의 궤적을 읽는다. 리더의 과거와 현재를 참고해 리더의 조건과 자세 등 지름길을 찾아가는 것이다.

둘째, 인문학자, 과학자, 의학자, 법조인, 서평가, 대학총장, 정치인, 행정가, 경영인, 외교관, 야구해설가 등등 각 분야 전문가들의 축약된 철학과 전문 지식을 엿볼 수 있다.

셋째, 리더들이 직접 추천하거나 본문에서 언급되는 200여 권의 명저가 있다. 직업이 다양한 만큼 책의 범주도 다양하다. 그 중에는 당장 읽고 싶은 욕구가 생기는 책이 몇 권 있을 것임이 분명하다.

●

34명 리더들은 '한결같이 책과 인문학을 생활의 일부로 반려하면서도 세상에 대한 관심과 애정을 동시에 아우르는 열정과 부지런함을 겸비'하고 있다. 그들은 오늘도 책으로 인해 '무럭무럭 늙어가는 중'이다. 마지막 문장은 이재무 시인의 글에서 가져왔다.

노충덕, 『독서로 말하라』
강원국, 『강원국의 글쓰기』

과거 산업화 시대에는 선배들이 만들어 놓은 매뉴얼을 보며 재빨리 따라하는 인재가 중요했다. 때문에 '품행이 방정해 타의 모범이 되는 자'가 인재였다. 군소리 없이 '시키는 대로만 잘 찍어 내면' 칭찬과 승진이 뒤따랐다.
그런데 '콘텐츠 시대'라는 21세기에는 대학도 기업도 '창의력 있는 자'를 인재로 친다.

●

 창의력은 눈에 금방 띄지 않는다. 추상의 창의력을 가늠해볼 수 있는 도구 중 하나가 글이다. 글 전체의 짜임새와 흐름, 첫 문장과 마지막 문장, 적절한 어휘의 동원, 문장의 효율적 구성 등을 종합해 보면 글쓴이가 창의력 있는 사람인지 아닌지 대략 판단이 가능하다. 물론 남이 대신 써준 글로 속일 수도 있지만 몇 마디 대화만 나눠도 면접관은 금방 알아챈다. 거기다 SNS사회관계망서비스가 대중화되면서 개인적, 대중적 소통을 위해서도 글쓰기 실력이 중요해져 간다.

●

 '글쓰기 교본' 이라면 단연 소설가 상허 이태준이 남긴 『문장강화』를 먼저 들겠다. 그는 " '한가지 생각을 표현하는 데는 오직 한 가지 말밖에 없다' 는 플로베르의 말은 너무나 유명하거니와 그에게서 배운 모파상도 '우리가 말하려는 것은 무엇이든 그것을 표현하는 데는 한 말밖에 없다. 그것을 살리기 위해선 한 동사 밖에 없고, 그것을 드러내기 위해선 한 형용사밖에 없다. 그러니까 그 한 동사, 그 한 형용사를 찾아내야 한다. 그 찾는 곤란을 피하고 아무런 말이나 갖다 대용함으로 만족하거나 비슷한 말로 맞춰버린다든가, 그런 말의 요술을 부려서는 안 된다"고 했다.

 " '비가 온다' 는 뜻의 동사에도 온다, 뿌린다, 내린다, 쏟아진다, 퍼붓는다가 각각 의미가 다른 것은 두말할 필요가 없다"고 했다. 이를 압축하면 '뼛속까지 내려가 쓰라'는 말일 것이다. 번역가들이 특히 유념해야 할 말이 아닐 수 없다.

이태준 선생께서는 또 "당신이 쓴 글을 읽고 어떤 사람은 웃고, 어떤 사람은 울고, 어떤 사람은 희망을 갖게 되고, 어떤 사람은 절망의 나락으로 떨어지게 됩니다. 당신이 쓴 글이 다른 사람에게는 새벽 같은 빛이거나 캄캄한 어둠이 될 수 있습니다"라고 하셨다. 어찌 함부로 글을 쓸 수 있겠는가. 언론사 기자記者들이 특히 유념해야 할 말이 아닐 수 없다.

●

『강원국의 글쓰기』는 고 김대중, 노무현 대통령 연실비서관으로서 『대통령의 글쓰기』와 베스트셀러 작가로서 자신의 글쓰기 경험에 비추어 정리한 '글쓰기 노하우'다. 『문장강화』가 원로 교수의 강연 형식이라면 『강원국의 글쓰기』는 '글 잘 쓰는 작가의 술자리 구라' 형식이다.

저자 강원국은 한 강연에서 '읽기, 듣기, 쓰기, 말하기'의 차이를 역설했다. '읽기, 듣기'를 잘하는 사람은 피동적 과거형 인재, 쓰기와 말하기를 잘하는 사람은 능동적 미래형 인재라며 후자를 강조했다.

그렇다고 읽기, 듣기가 중요하지 않다고 생각하면 그건 매우 곤란하다. 쓰고, 말하기 위해서는 머릿속에 지식이 정리돼 있어야 하는데 그 정리된 지식은 읽기와 듣기로 만들어지기 때문이다. 사색이나 통찰도 '근거'가 있어야 가능하지 않겠는가.

그러므로 '읽기, 듣기, 쓰기, 말하기'는 우물의 물과 두레박이다. 물이 아무리 차도 두레박이 없으면 퍼 올릴 수 없고, 물이 마르면 두레박이 100개라도 소용이 없다. 4가지가 균형을 갖추어야 더욱 훌륭한 글쓰기가 가능하다.

●

그런 맥락에서 책을 읽기는 읽어야 하는데 실천이 안 돼 스트레스를 받고 있다면 평생 교단에 있다가 은퇴한 노충덕 선생님의 『독서로 말하라』를 추천한다. 독서의 이유, 효과, 방법론을 '과연 선생답게' 꼼꼼히 잘 정리했다. 더구나 왕성한 독서가 은퇴 이후 그가 갈 길도 정해주었다.

●

글쓰기 왕도는 '부지런히 직접 써보는 것' 말고는 없다. 부단한 시행착오로 축적되는 경험만이 글쓰기 고수가 되는 길이다. 부지런히 직접 써보고 싶은데 그게 힘들 경우 『강원국의 글쓰기』에 동기부여를 하는 방법이 들어 있다. 책을 열심히 읽고 싶은데 그게 안 될 경우 노충덕의 『독서로 말하라』에 동기부여를 하는 방법이 들어 있다.

가오평, 『이야기 자본의 힘』

'유럽 3대 허무 여행'이 있다. 덴마크 코펜하겐의 인어공주 조각상, 벨기에의 오줌싸개 동상, 독일의 로렐라이 언덕.

모두 연중무휴 관광객이 밀려드는 곳들이지만 막상 가보면 별 볼 일 없다는 뜻이다. 사실 안데르센의 동화 때문에 유명해진 인어공주 조각상은 항구 인근에 세워진 조그만 청동상에 불과하다. 그마저 이런저런 기회로 매스미디어나 책을 통해 이미 수도 없이 보았던 것이다. 흔히 스토리의 힘을 이야기할 때 약방의 감초로 등장하는 예다.

별 볼 일 없을 걸 알면서도 관광객들이 그곳까지 기를 쓰고 가는 이유는 「미운 오리 새끼」, 「백설공주」, 「성냥팔이 소녀」, 「벌거숭이 임금님」 등의 주옥같은 동화에 가슴 설레었던 그들의 어린 시절 추억과 동심이 그들의 여로와 함께 하기 때문이다. 안데르센과 함께 어우러졌던 그들만의 스토리 때문에 그곳엘 가는 것이다.

똑같은 복제품 인어공주 조각상을 코펜하겐 그 자리가 아닌 중국의 황하나 서울의 한강에 100개를 세운다 한들 관광객을 모으지 못하는 이유 역시 그 스토리가 함께 하지 않아서다.

● 그런 스토리가 우리나라라고 없는 건 아니다. 강원도 춘천 소양강에는 「소양강 처녀」 동상이 있다. 오래 전 유행가 '소양강 처녀'의 스토리를 간직한 동상이다. 그럼에도 인어공주 조각상만큼 유명하지도, 관광객이 몰려들지도 않는다. 그 노래가 말 그대로 아주 오래 전의 수많은 유행가 중 하나에 불과할뿐더러 안데르센이라는 걸출한 작가의 동화들이 주는 감동을 이 노래로부터 가진 이가 일부에 국한되는 탓에 살아있는 스토리로 부활하지 못하는 것이다.

반면에 롯데제과의 빼빼로는 성공한 스트리셀링의 대표주자다. 누구의 아이디어로 매년 '11월 11일 빼빼로 데이'가 시작됐는지 모르지만 출시된 지 33년이 지난 이 과자는 여전히 연매출 1,000억 원을 넘기고 있고, 그 매출의 60%가 9월부터 11월 주변에 발생한다고 한다.

이 날을 본 떠 '삼겹살 데이', '자장면 데이', '블랙 데이' 등이 생겨났지만 셀링 효과는 빼빼로와 비교할 수 없이 미미하다. 지자체들도 지역 특산물이나 관광지, 축제 등의 스토리 개발에 열을 올린 결과 '버스커버스커'의 히트곡이 엉킨 '여수 밤바다'가 크게 성공을 거두고 있는 상황이다.

● 가오펑의 『이야기 자본의 힘』은 스토리의 모든 것을 다룬 책

4 겨울의 지혜에 맞서다

이다. '하수는 광고로 설득하지만, 고수는 이야기로 매혹한다'
는 사실에 천착해 대표적인 글로벌 스토리의 생성, 전파의 비
법과 유무형 효과를 분석했다.

원제 'The Power of Storyselling' 에서 보듯이 스토리가 단순
히 사람들의 입에 오르내리는 '텔링telling' 에서 끝나는 게 아니
라 상품의 구매욕을 결정적으로 자극하는 동기가 되는 '셀링
selling' 포인트의 역할을 한다는 것을 강조한 책이다. 코카콜라,
루이비통, 리바이스, 바비인형 등 세계적인 기업이나 상품과
거기에 얽힌 스토리들이 분석 대상이다. 이 스토리들은 주로
하버드 MBA에서 가장 많이 연구되고, 인용되는 글로벌 스토
리들이다.

- 좋은 스토리텔링의 4가지 조건은 '관심을 붙잡고, 흥미를 유
발하고, 공감대를 형성하며, 구매 행동으로 옮기게 하는 것' 이
다. 그래야 끌리는 이야기가 된다. 끌리는 이야기들은 '진솔함,
선의의 거짓말, 공감, 미완성의 아름다움, 상대의 이야기, 우
회' 라는 공통적 비밀을 가지고 있다.

- 프랑스에서 수입된 생수 에비앙과 수십 종에 이르는 국산 생
수들과의 품질적 차이를 육안으로 식별해낼 소비자는 없다. 양

쪽 물의 화학적 성분의 차이를 소비자가 실험실에서 직접 확인하기도, 생산 현장을 눈으로 보기도 어렵다.

그럼에도 에비앙은 프리미엄 생수로서 판매가와 신뢰도가 월등하다. 에비앙이 가진 남다른 스토리 때문이다.

'뒤로는 알프스를 등지고, 앞으로는 레만 호수를 둔 작은 마을 에비앙에서 나는 물은 고산에서 녹은 눈과 산지의 빗물이 산맥과 오지를 흐르며 15년 동안 천연여과를 거치는 광천수다. 그래서 다량의 순수한 미네랄과 칼슘, 마그네슘, 탄산수소염 등이 풍부해 인체에 이롭다.'

이러한 '그럴싸한' 스토리 때문이다. 사실 마셔보면 물맛이야 모든 생수가 다 거기서 거기 아니던가?

●

품질의 상향평준화로 기능에서 별반 차이가 없이 모두 훌륭한 현대의 상품들이야말로 스토리가 성패를 좌우한다. 비단 대통령이나 상품뿐만 아니라 지금 뜨겁게 진행되고 있는 대학 수시입학의 당락을 좌우하는 자기소개서 역시 나만의 스토리가 관건이다.

스토리 셀링은 이제 기업을 넘어 개인의 삶의 질까지 좌우하는 단계로 진화한 것이다.

강진 · 백승권, 『손바닥 자서전 특강』

인터넷의 부흥과 4차 산업혁명기의 뚜렷한 증상 하나는 시대의 특징으로 글쓰기를 요구한다는 것이다. 압축성장의 산업화 시대에는 '매뉴얼대로 잘 하는' 직렬 프로세스 인재가 필요했지만 이젠 창의력이 뛰어난 '멀티 프로세스 인재'가 필요해졌기 때문이다.

●
창의력은 눈에 보이지 않는다. 그것을 평가하는 데 글쓰기가 대안이 됐다. 거기다 SNS가 주요 소통 수단이 되면서 글을 잘 쓰는 사람이 이 소통의 공간을 훨씬 유효하게 사용할 수 있어서다.

다행히 글쓰기는 타고나는 재능이 아니다. 글쓰기에 왕도는 딱 하나다. 많이 써보는 것이다. 글쓰기를 잘하기 위한 몇 가지 이론적 또는 기술적 요소가 있긴 하지만 이론에 아무리 밝은 사람도 직접 글쓰기를 하지 않고는 글쓰기 실력이 오를 이유가 없다.

차라리 이론은 모르더라도 글쓰기를 많이 하는 사람이 글을 더 잘 쓰게 된다는 것은 자명하다. 이론까지 알고서 훈련에 임한다면 그야 더 말할 필요가 없이 금상첨화다.

필자에게도 그동안 글을 써오면서 나름대로 정리된 몇 가지 글쓰기 요소가 있다.

첫째, 문장 짧게 쓰기다.

이것 하나만 충실해도 지금보다 훨씬 뛰어난 글쓰기 실력을 당장에 갖추게 된다. 만연체 문장으로 어디서 끊어 읽어야 할지 모를 문장은 읽는 도중 앞을 잊어버려 해독이 더디다. 그래서 못 쓰는 글로 읽히는 것이다. 워드프로세서로 글을 쓸 경우 한 줄 반을 넘어가는 문장은 실패라고 보면 된다.

둘째, 글은 솔직(정직)하게 써야 한다.

꺼내놓고 싶지 않은 것들은 숨기면서 쓰는 글은 반드시 공중에 뜬다. 설득력이나 공감, 감동이 떨어진다는 말이다.

셋째, 공부해야 한다.

지식을 쌓아야 한다는 말이다. 머릿속에 콘텐츠(내용)가 없으면 아무리 문장력이 뛰어나더라도 쓸 글이 없다. 전문분야의 탐구와 연구, 다양한 독서, 신문 읽기, 관찰 등 글을 쓰기 위해 알고 있어야 할 모든 것을 담는 것이 공부다. 물론 그것들을 속속들이 다 알지는 못하더라도 참고문헌을 뒤지거나 인터넷 검색을 할 수 있는 키워드 지식 정도는 갖추어야 한다.

넷째, 글은 퇴고가 7할이다.

글을 쓰는 데 3시간 걸렸다면 고치는 데 7시간 걸린다는 뜻이다. 고치고 또 고치는 과정에서 불필요한 수식어나 접속사, 접미사 등이 걸러지면서 문장이 짧아지고, 뜻은 명료해진다. 긴 문장을 짧은 두 문장으로 쪼개는 일도 고치면서 일어난다.

다섯째, 어휘력이다.

'그것을 제대로 표현하는 어휘는 딱 그것 하나밖에 없다' 는 말처럼 적재적소의 어휘력 구사를 위해서는 국어사전을 끼고 살 정도가 돼야 한다.

●

글쓰기가 대세다 보니 글쓰기를 가르치는 강사들의 시장이 커지고 있다. 글쓰기를 안내하는 책들의 출판도 줄을 잇는다. 물론 강의를 듣고, 글쓰기 책을 많이 읽는 것이 글쓰기 실력을 높이는 보증수표는 아니다. 무조건 많이 써보는 것이 왕도다. 다만, 이론과 실기를 겸하는 것이 무턱대고 실기에 임하는 것보다 비교할 수 없이 효율적이기에 강의도 책도 의미가 크다.

『손바닥 자서전 특강』은 글쓰기를 안내하는 책으로서의 내용이 매우 알차다. 『글쓰기가 처음입니다』를 이미 출판했던 저자 백승권은 국문학을 전공한 문학도였다. 현재는 국내에서 가장 왕성하게 활동 중인 글쓰기 전문 강사다. 그는 단어 하나하나는 물론 쉼표까지 꼼꼼하게 그 의미와 맥락을 살펴야 하는 '대통령의 글(대국민 정책 메시지)'을 썼었다.

공저자인 강진 역시 글쓰기로는 누구에게 지지 않을 소설가이자 현역 글쓰기 강사다. 책이 알찰 수밖에 없다.

●

이 책은 '자서전 쓰기'에 초점을 맞추었지만 내용은 결국 '글쓰기 실력의 업그레이드'로 수렴된다. 이 책의 핵심은 제 4강 '글쓰기, 시작이 반이다. 친구에게 이야기하듯 시작하라'에 있다. 글쓰기는 일단 쓰고 봐야 하므로.

'나의 삶을 기록한다는 것', '무엇을 쓸 것인가', '글감, 어떻게 모을까', '이야기의 씨앗을 찾아서', '기억을 불러오는 감각들', '이야기를 완성하는 몇 가지 방법', '생생한 글쓰기를 위한 몇 가지 요령', '글의 힘은 퇴고에서 나온다' 등 주요 목차에서 이 책이 어떤 책인지 훤히 보인다.

●

사람은 누구나 가슴 속에 소설 한 권을 지니고 있다. '나' 아니면 누구도 가지지 못하는 스토리가 있다. 개인마다 하나의 우주다. 그 장대한 스토리를 글로 써보고 싶은 마음은 굴뚝같은데 선뜻 나서지 못하고 있다면 이 책을 읽어보길 권한다. 반드시 자서전이 아니더라도 글쓰기의 전반적 실력을 높이기 위한 대부분의 팁을 얻을 수 있다.

김훈, 「자전거 여행」

    흔히들 버킷리스트나 로망을 말하라면 세계일주나 전국도보 등 여행이 빠지지 않는다. 같은 로망일지라도 몽블랑 만년필이나 롤렉스 시계와 여행이 다른 것은 '밥벌이의 지겨움'에서 탈출하고 싶다는 의식이 깔려 있다는 것이다. 심지어 날이면 날마다 먹고 뒹구는 '한량'을 꿈꾸는 사람들 역시 명백히 그런 연유다.

●
    그렇다. 여행은 일단 돈을 버는 일이 아니라 쓰는 일이다. 을의 인생이 아니라 갑의 인생이다. 시간에 쫓기는 다급함도 없고, 반드시 해내야 할 과제도 없다. 이전에 겪지 못했던 풍경과 사람들을 내 마음속의 화롯불에 끌어와 성찰의 탕국을 끓여내는 일이다. 이전과는 다른 각도로 사물과 인생을 바라보는 깨달음을 얻는다. 나와는 다른 삶을 사는 사람으로부터 나의 삶을 긍정, 부정, 교정한다.
    그래서 여행은 치유이자 수행이다. 물론 이때의 여행이란 짙은 커튼에 노래방 기계와 조명이 반짝이는 대형버스 타고 우르르 몰려다니는 관광이 아니다.

●

그러나 로망이 로망인 것은 로망이기 때문이다. 그런 여행을 우리는 쉽게 떠날 수가 없다. 먹이고 가르쳐야 할 처자식들 때문이다. 인생 3대 재난 중 마지막인 '노년 가난'을 면하려 한 푼이라도 더 벌어둬야 하기 때문이다 (나머지 두 재난은 소년등과, 중년상처(부)다).

그러므로 잘 쓰인 여행기라도 읽어둬야 한다. 마치 여행을 하는 듯한 간접 체험, 나중에 여행을 하게 될 때 보다 효과적으로 하기 위한 사전 공부, 소설가 김훈 같은 글쟁이들의 수려한 문장을 탐닉하는 일석삼조의 효과를 위해서다.

●

그의 문장들을 읽다보면 글을 잘 쓰는 조건이 보인다. '관찰, 생각, 공부'다. 『자전거 여행1, 2』도 예외가 아니다. 쓰고자 하는 대상들을 오랫동안 관찰하고, 말도 나누고, 이미 알고 있는 지식을 덧붙이고, 미처 몰랐던 것들을 공부해서 한 줄 한 줄 문장들이 만들어졌다. 태백산의 험준한 고갯길, 바닷가 갯벌, 부석사 무량수전, 산골 마을을 떠나지 못하는 맹인에 대해 쓴 그의 글들이 다 그런 식이다.

●

　김훈이 프로 사진작가 이강빈과 자전거를 타고 전국을 돌면서 쓴 기행문을 모아 펴낸 『자전거 여행 1, 2』 권은 오래 전에 출판됐는데 2014년 문학동네에서 개정판으로 다시 출판했다. 개정판은 전체 내용이 이전보다 더욱 알뜰해졌다. 독자들에게 이 책의 독서를 권장할 이유를 대라면 '김훈 산문의 정수' 라는 여섯 글자로 충분하다. 그러나 독서의 목표를 조금만 달리 하면 이 책을 읽는 효과 중 최소한 2가지는 보장할 수 있다.

　첫째, '필사筆寫 베껴 쓰기' 하기에 좋다.
　김훈의 산문집 『밥벌이의 지겨움』과 소설 『칼의 노래』, 『흑산』, 『남한산성』을 베껴 쓰는 사람들이 많다는 것은 그만큼 그의 문체가 뛰어나다는 것의 방증이다. 탱크처럼 육중하게, 제비처럼 날렵하게, 장미 줄기의 숨은 가시처럼 날카롭게, 할머니의 엉덩이 모양 납작 퍼져 흐름을 멈춘 하류의 강물처럼 호흡이 멎게, 자유자재로 펼쳐지는 김훈의 글은 '베껴 쓰기' 의 대상으로 안성맞춤이다.
　김훈의 글쓰기 핵심 비결 하나는 딱딱 끊어 쓰는 '짧은 문장' 이다. 글쓰기에서 '짧은 문장' 은 누구나 강조하는 첫째 덕목이다. 간결하고 힘있게 치고 나가는 글의 생명이다.
　둘째 덕목은 관찰이다.
　그의 배낭에는 망원경과 확대경이 필수품이다.

셋째 덕목은 사색(생각), 넷째 덕목은 공부다.

둘째, 여행의 디테일한 정보가 들어 있다.

예를 들어 '좀 멀더라도 선암사 화장실에 가라'는 것이다. 여행에 해박한 사람이 아니라면 방방곡곡 김훈이 갔던 곳만 찾아다녀도 몇 년은 걸릴 것이다. 그때는 아무렇게나 '경치 좋은 곳'에 가는 '관광버스'가 아니라 사회, 역사, 문화의 스토리를 산문에서 미리 갖추고 떠나는 지적 여행의 가치가 남다를 것이다.

●

『자전거 여행』은 김훈의 동서고금 지식이 독자에게 전달되는 와중에 특히 역사가 독보적이다.

'살길과 죽을 길은 포개져 있다, 남한산성 병자호란', '충무공, 그 한없는 단순성과 순결한 칼에 대하여, 진도대교 울돌목 명량해전', '망월동의 봄, 광주518' 등이 그렇다. 물론 '지옥 속의 낙원 식영정, 소쇄원, 면앙정', '노령산맥의 IMF, 섬진강 상류 여우치 마을', '시간이 기르는 밭, 서해안의 염전' 같은 곳처럼 스토리와 풍경이 함께 어우러지기도 한다.

●

저자가 광릉수목원의 연못가에 앉아 바라본 수련 피는 광경을 그대로 옮겨본다.

"수련은 물 위에 떠서 피지만, 한자어로는 물 수水가 아니라 잠들 수睡를 골라서 수련睡蓮이라고 쓴다. 아마도 햇살이 물위에 퍼져서 수련의 꽃잎이 벌어지기 전인 아침나절에 지어진 이름인 듯싶지만, 꽃잎이 빛을 향해 활짝 벌어지는 대낮에도 물과 빛 사이에서 피는 그 꽃의 중심부는 늘 고요해서 수련의 잠과 수련의 깸은 구분되는 것이 아닌데, 이 혼곤한 이름을 지은 사람은 수련이 꽃잎을 오므린 아침나절의 봉우리 속에 자신의 잠을 포갤 수 있었던 놀라운 몽상가였을 것이다…. 수련은 빛의 세기와 각도에 정확히 반응한다. 그래서 수련을 들여다보는 일에는 이른 아침부터 저녁까지, 하루 종일의 숨 막히는 허송세월이 필요하다."

바로 저 '숨 막히는 허송세월' 이야말로 여행이 우리 모두의 로망인 치명적 이유가 아닐 수 없다.

책과 함께
나이 들고

　　　　　　책과 함께 꿈꾸다

이재무, 『집착으로부터의 도피』

몰래 숨겨놓은 애인 데불고
소문조차 아득한 포구에 가서
한 석 달 소꿉장난 같은 살림이나 살다 왔으면,
한나절만 돌아도 동네 안팎
구구절절 훤한, 누이의 손거울 같은 마을
마량에 가서 빈둥빈둥 세월의 봉놋방에나 누워
발가락장단에 철 지난 유행가나 부르며
사투리가 구수한, 갯벌 같은 여자와
옆구리에 간지럼이나 실컷 태우다 왔으면,
사람들의 눈총이야 내 알 바 아니고
조석으로 부두에 나가
낚싯대는 시늉으로나 던져두고
옥빛 바다에 시든 배추 같은 삶을 절이고
절이다가 그것도 그만 신물이 나면

통통배 얻어 타고 먼 바다 횡, 먼 바다 돌고 왔으면,
감쪽같이 비밀 주머니 하나 꿰차고 와서
시치미 뚝 떼고 앉아
남은 뜻도 모르는 웃음 실실 흘리며
알량한 여생 거덜 냈으면,

- 「좋겠다, 마량에 가면」, 이재무, 『저녁 6시』

●

1983년 '삶의 문학'을 통해 시작詩作 활동을 시작한 이재무 시인은 문단 바닥 좀 아는 사람에 따르면 패거리 문단의 비주류였다고 한다. 베이비부머 세대의 맏형 격인 '58년 개띠'의 시인은 그럼에도 오로지 '시詩' 하나만으로 결혼과 가정과 삶을 꾸려왔고, 결국 시로써 명예를 얻은, 흔하지 않은 몇 시인 중 한 사람이다.

그가 낸 산문집이 『집착으로부터의 도피』다. 에릭 프롬의 불멸의 고전 '자유로부터의 도피'에서 제목을 빌려왔다고 한다.

내일 모레면 환갑, 천지만물에 통달하고 듣는 대로 이해할 만큼 귀가 순해진다는 이순耳順에 이를 시인이 지나온 삶을 되돌아보자니 자신과 주변의 타인을 가장 힘들게 했던 것이 '집착과 울컥'이었음을 문득 깨달은 것이다.

● 이제 그 집착과 울컥을 버림으로써 들판의 꽃이 아름다워 꺾거나(그 순간이 꽃에게는 죽음을 뜻한다), 자신의 정원으로 옮겨 심는 대신 그곳에 있는 그대로 있게 해야겠다는 것이 시인의 다짐이다.

자신의 뜻과 눈으로만 만물을 볼 게 아니라 역지사지, 입장을 바꿔서 대상을 바라봄으로써 집착과 울컥의 굴레에서 벗어나겠다는 것이다. 그래야 뜻밖의 낭패를 면하는 것이 인생이란다. 뻔한 추상의 말들이 아니다. 실제로 시인은 일찍 어머니를 여읜 후 어린 나이에 객지 밥을 먹으며 얻은 모성 결핍증으로 인해 많은(?) 여인들을 아프게 했었다니 말이다.

그러한 시인의 일상이 있다. 시인 '동주'와 시를 읊기도 하고 밀란 쿤데라의 『참을 수 없는 존재의 가벼움』같은 멋진 책을 읽어주기도 한다. 중년 사내의 돌아가신 아버지, 어머니에 대한 회한은 독자의 눈시울을 촉촉하게 한다.

● 이 책에는 뛰어난 글쟁이의 문장(글쓰기)이 있다. 보통사람과 달리 사물을 관찰, 통찰함으로써 시상을 잡아내는 시인의 눈과 마음이 있다. 산문과 주제를 같이하는 시詩가 중간중간에 배치돼 있어 같은 주제로 시와 산문이 어떻게 풀리는지 볼 수 있다. 시인이 생각하는 '시란 무엇인가'와 그런 시를 쓰는 비밀 주머

니도 들어 있다.

조용헌, 「휴휴명당」

 청도 모처에 가면 이성계가 왜구를 물리치고 돌아가는 길에 들러 기도를 했는데 그 기도발로 나라를 얻었다는 이야기를 전하는 절이 있다. 또 전라도와 경상도의 어떤 절들은 영험이 커서 모 씨가 대통령 되기 전 그의 부인이 일부러 찾아가 기도를 했다는 '카더라 통신'이 있다.

●
 그런 것들이 좀 더 많은 신도와 관광객들을 유치하기 위한 스토리텔링이자 종교 마케팅에 지나지 않을 거라 애써 무시하고자 했었다. 명당, 풍수지리, 사주팔자 등의 단어들 또한 필자는 동일한 맥락에서 크게 신뢰하지 않았었다. 그 땅이 그 땅, 볕 잘 들고 물 잘 빠지는 양지바른 곳이 명당이지 별 것 있겠느냐, 왕후장상의 씨가 따로 없는데 정해진 팔자가 어디 있겠느냐는 생각에서였다.
 그러나 그건 아마도 '하늘에다도 삿대질을 했던' 의기창창한 젊은 날의 치기였을 것이다. 나이가 든다는 것의 의미에는 세상만사에 대해 더 많이 겸손해진다는 것 하나도 있는가 보다.

명당, 사주팔자, 주역 같은 단어들에 무심하지 않게 되는 것을 보니 그렇다.

●

" '독만권서讀萬券書 행만리로行萬里路', 많은 책을 읽고, 많은 여행을 통해 경험하고 실천함으로서 이치를 궁구하고, 마침내 무한한 대자연의 이치를 깨달아 자연으로 돌아가자"는 메시지를 꾸준히 던짐으로써 '강호동양학자'라는 별칭을 얻은 사주명리학자 조용헌의 『휴휴명당』은 한반도 남쪽 땅의 내로라하는 22곳의 명당을 순례한다. 바로 '나이듦'을 전제하는 책이다.

저자는 다음과 같이 확언한다.

"20, 30대는 젊기 때문에 외부의 기운에 대한 갈망이 크지 않다. 중년이 되면 기운이 떨어진다. 이 시기에는 외부에서 기운을 보충 받아야" 한다고 말한다.

또한 " '외부'는 대자연이다. 자연이야말로 최고의 원기 회복제다. 영지靈地는 신령스러운 기운이 뭉쳐있는 장소다. 기氣는 눈에 보이지 않지만 몸으로 느낄 수 있다. 좋은 기운 속에서 마음은 맑아지고, 생각은 높아진다. 그러면 인생이 달라진다. 그래서 신령한 기운이다. 그런 기운이 있냐고? 있다! 특정한 장소에 가보면 척추 꼬리뼈를 타고 올라오는 전기자극 같은 느낌이 온다. 그것이 기감氣感인데 땅의 지기가 몸속에 들어와 경락을 타고 온몸에 전달된다."

-

그러므로 "여행의 최고 경지는 영지를 가보는 것"이다. 22곳의 명당 중 18곳은 이미 알려질 만큼 알려진 명산 속에 있는 사찰이나 암자다. 여행이나 등산을 좋아하는 사람이라면 이미 대부분을 가보았음직 하다. 남해 금산 보리암, 완주 대둔산 석천암, 구례 지리산 사성암, 과천 관악산 연주암, 고창 선운사 도솔암, 대구 비슬산 대견사, 장성 백양사 약사암, 인제 설악산 봉정암, 서산 도비산 부석사, 해남 달마산 도솔암, 양산 영축산 통도사, 하동 쌍계사 불일암, 완주 모악산 대원사, 공주 태화산 마곡사, 여수 금오산 향일암, 공주 계룡산 갑사, 강진 만덕산 백련사. 사찰이 아닌 나머지 5곳은 괴산 환벽정, 계룡 국사봉 향직산방, 파주 심학산(옛 구봉산), 김제 비산비야의 학성강당, 장성 축령산 휴휴산방!

-

'뭐, 이 정도면 책은 안 읽고 저 명당들만 가보면 되겠네'라고 생각한다면 큰 오산이다. 유홍준 박사가 그의 대표작 『나의 문화유산 답사기』 1권의 서두에서 "사랑하면 알게 되고, 알면 보이나니, 그때에 보이는 것은 이전과 다르리라"고 했듯이 이 책은 조용헌 판 '나의 명당 답사기'로 생각하면 딱 맞다.

텍스트를 읽으며 각개 명당이 가진 역사, 스토리, 기운의 배경과 실체에 빠지다 보면 독서의 순간이 곧 힐링의 시간이다.

거기다 다시 가게 될 그 명당에 대한 '영험한 지식'은 동행인들을 압도하는 확실한 '구라'의 기반이 되고도 남을 것이다. 정성스럽게 찍은 사진과 옛 그림들이 함께 편집돼 읽는 눈을 행복하게 한다.

● 스물두 번째 명당인 '장성 축령산'은 토산에 우거진 편백나무 숲의 부드러운 기운이 저자 조용헌과의 궁합이 최고로 맞는 곳이라고 한다. 이곳에서 그는 글을 쓰고 사색하면서 '손님을 위해 장작불을 충분히 넣어놓고 방을 달궈 그의 등에 맺힌 긴장을 풀어주는' 아담한 집에서 살고 있는데 그 집이 이름이 '휴휴산방'이다. 사주역리학자다운, 은퇴 후 많은 이들이 꿈꾸는 '산중거사'의 삶이 충만한 느낌으로 다가오는 대목이다.

정현진, 「1장 1단」

철 이른 해변에
제법 많은 사람들이
모여들었다.

연인, 어르신, 아이, 혼자 또는 여럿이…….

사람들은 각양각색이었다.

가만 보니,
해수욕을 즐겨야 할 해변에서
모두들 다른 방식으로
시간을 보내고 있었다.

해변을 찾은 사람들은
각자의 방식대로 자유로운
시간을 즐기고 있었다.

이들처럼, 작은 모임이나
큰 모임의 구성원이라 하더라도
각자가 추구하는 생각이나
바람은 서로 다를 것이다.

내가 저 앞에 나아가 이렇게 말한다면,
"여러분, 해변에서는 해수욕을 즐겨야 한답니다."

- 「각양각색」, 정현진

방파제인 듯한 곳에 서 있는 사람들의 모습이 다양하다. 고

요히 상념에 잠겨 있는 남자, 낚시를 즐기는 사람, 데이트 중인 남녀, 아름다운 바다를 핸드폰 카메라에 담기 바쁜 처녀들……「각양각색」의 제목에서 느낌이 팍 온다.

●

 느긋하게 팔도를 유람하며 쓰고, 찍은 사진들로 돈을 벌고, 그 돈으로 다시 여행을 하고, 그 여행이 다시 돈이 되는 선순환의 취미란 정말이지 생각만 해도 가슴 뿌듯한 일이다. 비슷한 꿈으로 늦깎이 시詩 공부를 하며 사진이나 드로잉 공부를 하는 사람들도 있다. 이생진 시인의 불멸의 시집『그리운 바다 성산포』의 아름다운 시와 시인이 직접 그려 넣은 스케치 그림에 반한 사람들이다.

 사진작가 정현진의 산문 사진집『1장 1단』의 제목은 '한 장의 사진, 하나의 단상' 이라는 뜻이다. 사진은 뛰어나고 산문은 어렵지 않다. 조금만 글쓰기에 정성을 기울이면 누구든 쓸 수 있는 수준이다.

 그래서 그의 산문집을 읽다 보면 은퇴 후 여행, 산문, 사진이나 풍경을 그리는 시인이 되고 싶은 꿈이 그리 멀리 있지 않음을 느낄 것이다. '그냥 카메라와 볼펜, 노트 들고 훌쩍 떠나면 되는 것' 이다. 물론 글쓰기, 사진, 드로잉, 시작詩作 등 필요한 능력을 평소에 미리 조금씩 갖추어둔다면 훨씬 출발이 가벼울 것이다.

●
이른 아침,
여행지에서 해변을
산책하고 있었다.

피로감이 느껴질 즈음,
서로 다른 두 의자가
눈에 들어왔다.

'가만, 어떤 의자에 앉아볼까?'

등받이 의자는 등을 기댈 수 있지만
눕기에는 불편하다.

민의자는 누울 수는 있지만
등을 기댈 수 없다.

취향이나 피로도에 따라
선택이 다를지 모른다.
한 의자를 선택했다가 시간이 지나면
다른 의자로 옮겨 갈 수 있다.

아니면, 한 번 선택한 의자에 줄곧 앉아
주어진 시간을 보낼 수도 있다.

학교, 친구, 배우자, 직장······.
살아오면서 많은 선택들을 해왔다.

모든 대상들은 그 당시의 필요와 상황에 따라
장점이 단점이 되고, 단점이 장점이 될 수 있다.

지금까지, 나는 어떤 선택과 원칙을 지켜왔는가?

「선택」, 정현진

●

  평소의 의미 없는 허송세월보다 일석이조의 즐기는 허송세월이 늦깎이 대가大家를 만드는 사례는 아주 많다. 70세 넘어 화가로 데뷔해 실력을 인정받은 미국의 국민 화가 모지스 할머니가 있고, 우리나라에는 경북 칠곡의 '할매 시인' 들이 있다. 자, 그러니 이제부터 시작하자!

김명인, 『부끄러움의 깊이』

잘 써진 산문집은 소설이나 시 같은 문학과 차별화된 독서의 가치가 몇 가지 있다. 특정 장르에 대한 호불호를 따질 필요가 없다는 것, 저자의 평소 생각과 경험을 전달하는 서술이라 어렵거나 추상적이지 않다는 것, 다양한 이슈와 관점에서 나의 삶과 생각을 비교 성찰해볼 수 있다는 것 등이다.

●
문학평론과 시사칼럼을 꾸준히 써오는 김명인 교수의 산문집이 그렇다. 산문집 『부끄러움의 깊이』의 저자 김명인은 인하대학교에서 한국문학을 가르치는, 나이 60 언저리의 젊지 않은 교수다.

그는 독립운동가이자 테러리스트로서 짧고 굵은 삶을 살았던 김산의 전기 『아리랑』님 웨일즈 중 주인공 김산의 유언 같은 일부를 길게 인용하면서 "혁명가 김산의 불퇴전의 삶과 죽음에 낭만적 동경을 투사하던 과거와 달리 이제는 참 단순명쾌한 삶이었구나 하는 생각, 내 표현대로 하자면 '신탁 받은 자의 삶'이었구나 하는 생각이 앞서는 것을 어쩔 수 없다.

어떠한 신내림의 삶도 불가능한 지금 이곳의 현실에서 김산의 삶을 읽는 것은 내게는 이제 동경의 확인이 아니라 하나의 거대한 질문이었다. 도달해야 할 지점을 가리키는 어떠한 지도도 명령도 없는데, 그렇다고 나날의 싸움을 포기할 수는 없는 이 상황은 무엇인가 하는" 고뇌 어린 현실 앞에서 젊음이 지나버린 자신이 어떻게 살아야 할지 스스로에게 묻는다.

●

아마도 20대 청춘이었을 때 김산의 삶에 감동했을 저자, 그러나 세월이 흘러 이제는 김산에게서 그 감흥을 찾지 못하는 장년의 저자는 "억울하고 안타까운 것이 많은 삶이었다. 이제는 나 자신보다 남의 고통 때문에 더 많이 우는 사람이 되었지만, 그것은 아홉 살 그 비 오는 날의 방황에서 비롯된 깊은 자기연민이 가까스로 승화된 것에 지나지 않을 것이다. 기성회비 때문에 쫓겨난 일을 가족 누구에게도 말하지 못하고 조용히 집을 나선 그 비 오는 날의 상처받은 어린 영혼은 이건 아니다, 이렇게 살 수는 없다고 수없이 되뇌며 50년 동안 여전히 비 오는 겨울 골목길을 헤매고 있다"고 한다.

그러나 독자인 나는 '남의 고통 때문에 더 많이 우는 저자, 그러한 삶에 익숙해진 저자'의 농익은 삶과 대비되는 나의 부끄러운 삶을 반추하며 비 오는 한여름 낮의 골목길을 헤맨다.

●

그러한 학자에게 요즈음 젊은이들 사이에 유행하는 '헬조선'이라는 개념어는 놀라움 자체다. 그는 '정치적, 경제적, 사회/

계급적, 문화적, 이데올로기적' 측면에서 이를 세심하게 분석한 후 "불안과 분노로 무장한 젊은 세대들에게 진보/보수, 여/야의 구분은 무의미하다. 이들의 인식 구조는 아직 일차원적이지만 모든 투쟁은 일차원적 평면에서 시작해 다차원, 입체적 방향으로 나아간다. 헬조선, 무서운 분노의 힘이 응집된 말이다. 이 말이 어떤 행동으로, 또 어떤 사건으로 발전하게 될지 그 귀추가 자못 주목된다"고 염려한다. '노력 하지 않는 젊은이들의 유아적인 투정'으로 이를 인식하는 소위 '꼰대'들과는 사뭇 다른 '어른'의 모습이다.

●

나이가 들어봐야 알게 되는 지혜, 그제야 새삼스레 느끼는 부끄러움, 다른 누구보다도 스스로에게 떳떳하고 당당한 삶을 살기 위해 스스로에게 승리하고자 하는 결기가 '꼬장꼬장' 한 교수의 개인사와 이 나라에 닥친 첨예한 문제들에 투영돼 독자의 결기를 재촉한다. 그때의 결기란 지금보다 '탁월한 사유의 시선'을 얻고자 하는, 보다 정중하게 이 사회를 대하는 지성인이고자 하는 그것이다.

변광호, 『E형 인간 성격의 재발견』

일체유심조 一切唯心造. '세상만사 마음먹기에 달렸다'는 뜻이다. 신라 고승 원효가 당나라 유학을 위해 길을 나섰다가 밤에 무덤에서 잠을 자게 됐다. 자던 중에 목이 말라 주위를 더듬으니 바가지에 물이 있었다. 그래서 시원하게 잘 마시고 다시 잠을 잤다. 그런데 아침에 일어나보니 어제 밤에 마셨던 바가지가 해골이었다. 자기가 어제 밤 해골 물을 마셨다는 것을 알게 된 순간 원효는 구역질을 하며 토하기 시작했다.

그 순간 원효는 '해골 물인지 모르고 마셨을 때는 아무렇지도 않았는데 해골 물인지 알게 된 순간 토를 하는구나. 모든 것은 마음이 지어내는 것, 유학을 갈 필요도 없구나'란 깨달음을 얻는다. 이 고사가 일체유심조의 기원이다.

●

비슷한 의미의 유명한 에피소드는 서양에도 있다.

나이아가라 폭포 주위를 거닐던 남자가 목이 말라 강물을 마신 후 고개를 들자 'Poison'이란 팻말이 눈에 띄었다. 독 毒이 든 물이란 뜻이다. 그 순간 남자는 배가 죽을 듯이 아파 병원으로 달려갔다. 설명을 들은 의사는 웃으며 "당신이 본 팻말은 Poison 포이슨란 영어가 아니라 Poisson 푸아송이란 프랑스어다. 뜻은 물고기이지만 팻말에 쓰이면 낚시 금지"라고 설명했다.

그 순간 남자의 배가 거짓말처럼 아프지 않았다는 것이다.

●

흔히 낙관적 성격과 비관적 성격을 극단적으로 비교할 때 '반 컵의 물'을 사례로 든다. 낙관적인 사람은 '물이 반 컵이나 남았다'고 생각하고, 비관적인 사람은 '물이 반 컵 밖에 안 남았다'고 생각한다는 것이다.

우생마사牛生馬死 소는 살고 말은 죽는다도 비슷한 뜻이다. 홍수에 떠밀려 내릴 때 소는 물의 흐름에 몸을 맡겨 사는데 말은 물을 거슬러 헤엄치다 제풀에 지쳐 죽는다는 것이다. 모든 일은 순리에 따르라는 낙관의 가르침이다.

●

이처럼 아무래도 같은 조건이라면 낙관적인 사람의 평소 마음이 비관적인 사람보다 편안할 것이고, 그렇기에 일도 더 잘 풀릴 것이다. 성격의 차이가 결과의 차이를 부르는 것이다. 그건 성질 급한 사람과 느긋한 사람에게 엉킨 실타래를 풀게 하거나 게임을 하게 해보면 쉽게 확인되는 차이다. 성질 급한 사람은 실타래를 더욱 엉키게 하거나 게임에서 질 확률이 높다.

『E형 인간』은 여러 성격을 종합해봤을 때 가장 '좋은' 성격을 분석한 책이다. 저자는 정신신경면역학을 전공한 의사다. 그가 평생 겪어온 환자들의 성격 유형과 투병 과정, '최후의 결과'

를 받아들이는 태도 등을 연구해 정립한 의학적 '보고서' 다. '행복해서 웃는 것이 아니라 웃음으로써 행복해진다' 식의 철학적, 추상적 산문과 달리 '근거가 있다' 는 뜻이다.

●

A형 인간은 완벽주의자다. 걱정과 스트레스로 자기 스스로를 옥죄는 유형이다.

B형은 낙천주의자. 물론 만사를 긍정하는 것이 만병통치약은 아니다. '좋은 게 좋다' 는 식의 긍정은 바람직스럽지 않다.

C형은 소심하고 착한 사람. 남을 배려하는 마음이 지나쳐 남의 입장을 헤아리다 스스로 상처를 많이 입는다.

D형은 적대적인 사람이다. 욱 하는 성격의 '싸움닭' 이다. 주변 사람과의 잦은 불화 때문에 힘들게 산다.

E형은 낙관도 비관도 쉽게 하지 않음으로써 부정적 스트레스를 빠르게 긍정 스트레스로 전환시킨다. 슬픔, 기쁨, 분노 등을 있는 그대도 받아들인다. 어려운 상황이 닥치면 전화위복에도 능하다. 감사와 배려의 마음이 크고, 봉사를 즐기며 누군가와의 대화를 즐긴다.

●

저자가 의사로서 지켜본 환자들 중 E형 성격을 가진 이들은 죽음에 대한 태도도 다르다고 한다. 죽음에 대한 부정적인 생각과 두려움을 빠르게 긍정적 생각으로 전환시키는데 이는 역설적, 결과적으로 죽음보다 삶을 선택하는 태도라는 것이다.

저자는 '타고난 성격을 고치기는 힘드나 훈련으로 변화는 가능하다'고 충고한다. 각자의 성격 중 장점을 살리고 단점을 줄여서 E형 성격을 강화하라는 충고와 구체적인 방법론을 이 책을 통해 제시한다.

발상의 전환,
새 시대의 새로운

_____독서

김광태, 『달콤한 제안』

 경험주의 철학자 베이컨은 인간의 올바른 사고와 판단을 흐리게 하는 4가지 편견에 대해 말했다. 그중 '극장의 우상'은 '유명인의 권위에 대한 맹신'이다.

●

 TV 토론 프로그램에 나오려면 일단 교수, 박사, 국회의원, 변호사, 논설위원 등등의 꼬리표를 달지 않으면 섭외 대상이 되기 어려운 것, 이런 게 바로 '극장의 우상'의 한 예다. 철학자도 마찬가지다. '철학자'라고 하면 그가 사유와 통찰이 매우 뛰어날 것이란 선입견에 괜히 움츠러든다.
 하지만 '도대체 무엇을 연구하는지 알 수 없는 학문이 철학'이라 규정한 사전도 있고, '누구나 아는 것을 자기만 아는 것처럼 떠드는 사람이 철학자'라고 말하는 보통 사람도 있다.

● '누가 유명하다는 사실과 그의 사람 됨됨이는 별개'라는 얘기다. 이런 말을 이리 길게 하는 것은 소위 '잘 팔리는 책'에 대한 불만 때문이다. 저자의 유명세가 없거나 그럴싸한 '타이틀'이 없으면 그 책이 아무리 훌륭한 내용을 담고 있더라도 언론을 타거나 '좀 팔리는' 책이 되기 어렵다.

하지만 필자는 출판계에서 악명 높은 '유명 저자'를 알고 있다. 그의 이름으로 나오는 책의 원고는 사실상 출판사에서 새로 쓰다시피 한 것들이다. 저자의 초고는 문장도 내용도 기가 막히게 형편없지만 독자들이 그의 이름값을 쳐주니, 출판사로서는 달리 방법이 없는 것이다. 필자가 가급적 국내 저자, 마케팅이 약한 작은 출판사, 유명하지 않은 저자의 책 중 내용이 알찬 책들을 소개해주려 노력하는 이유다.

● 『달콤한 제안』의 저자 김광태는 현직 농협안성교육원 교수이기는 하나 포털 사이트에서 이름이 마구 검색되는 유명인은 아니다. 농협중앙회 직원으로 있다가 교육원에서 강의를 맡게 되어, 전국의 조합원들에게 유익한 강의를 하기 위해 방대하고 부단한 독서와 정리(글쓰기)가 필요했을 터. 오랜 기간 반복되는 독서, 정리, 강의로 축적된 '정보, 지혜'가 저자의 실생활과 결합되면서 '어떻게 사는 것이 진짜 행복하게 사는 것인지' 터

득해나간 결과가 이 책으로 엮여졌다.

  교육원에 교육을 받으러 온 농협 조합원들이 졸지 않을 강의, 슬픈 사람에게는 위로가 될 강의, 힘이 빠진 사람에게는 힘이 돼줄 강의, 그곳에서 강의를 듣는 사소함이 얼마나 큰 행복인지를 깨닫는 강의를 하기 위해 노력해온 저자의 노하우가 독자들에게도 똑같이 전달된다.

  저자가 이룬 정치, 사회, 경제, 문화적 성과가 타의 귀감이 될 만큼 거창해서가 아니라 그가 피교육자들의 인식 전환에 도움을 주기 위해 '마구 읽고 꼼꼼히 정리한 동서고금의 지혜들'이 만만치가 않은 것이다.

●

  서점에서 책을 집으면 '저자가 누구인가' 부터 살피는 독자라면 저자의 제안이 아무리 달콤한들 구매로 이어지기까지 쉽지 않을 수도 있다. 그러나 조금만 '성의' 들여 책의 본문 몇 페이지를 읽다 보면 '어? 괜찮은데?' 란 반응이 금방 나올 책이다.

  어쩌면 이것이 바로 진정 책을 아는 독자의 '책 고르는 안목'일 것이다.

장석주, 「은유의 힘」

　베스트셀러 시집을 냈던 모 유명 시인이 '월세방을 전전한다. 호텔 홍보와 호텔방을 교환하자' 는 공개 제안을 해 갑론을박을 자초한 적이 있다. 꼭 그 시인만이 아니더라도 시를 써서 생계가 가능한 직업인으로서의 '시인' 이 희박해진 시대다. 난해한 현대시로 인해 시를 멀리 하는 독자들이 늘면서 어지간한 동네 서점에선 이미 오래 전에 '시집 전용 서가' 가 사라졌다.

●

　그런데 SNS가 대세가 되면서 사정이 달라졌다. SNS에서 요구하는 단문 중심의 빠른 소통, 이를 가능케 하는 '짧고 임팩트 있는 글' 을 쓰는 문장가는 다름 아닌 시인의 영역이기 때문이다.
　요절한 가객 고 김광석이 부른 '너무 아픈 사랑은 사랑이 아니었음을' 의 가사가 류근의 시라는 것이 알려진 이후 류근 시인은 SNS에서 연예인급 스타로 부상했다. 이재무, 림태주, 나희덕, 김주대 등 기성 시인들의 인기몰이도 뒤지지 않는다. 아예 SNS를 주무대로 본격적인 시작 활동을 펼치고 있는 하상욱, 이환천, 최대호 시인 등은 팔로워 10만 명을 훌쩍 뛰어넘을 만큼 대중들의 사랑을 받고 있다.

- 논에 들에 할 일도 많은데
  공부시간이라고 일도 놓고 헛둥지둥 왔는데
  시를 쓰라 하네
  시가 뭐꼬?
  나는 시금치씨 배추씨만 아는데

  　　　　　　　　　　- 소화자, 「시가 뭐고」

　이 시를 쓴 경상도 칠곡의 소화자 '시인' 처럼, 가난 때문에 문맹을 면치 못했던 할머니들이 뒤늦게 한글을 깨우친 후 쓴 시들도 큰 울림으로 우리 곁에 다가온다. 바야흐로 '전 국민 시인 시대' 가 도래할지도 모르겠다.

- 다음은 기성 시인의 시다.

저게 저절로 붉어질 리는 없다
저 안에 태풍 몇 개
저 안에 천둥 몇 개
저 안에 벼락 몇 개
저게 혼자서 둥글어질 리 없다
저 안에 무서리 내리는 몇 밤

저 안에 땡볕 두어 달
저 안에 초승달 몇 날

- 장석주, 「대추 한 알」

기가 막히다. 보통사람이라면 대추가 주렁주렁 열린 나무를 보면 '대추가 많이도 열렸네' 하고 말겠지만 시인은 한 알의 붉은 대추에서 우주의 섭리를 꿰뚫었다. 물방울에 우주가 들었고, 벼룩에게도 오장육부가 있다는 그것, 그러므로 생명은 누구나 어떤 것이나 소중하다는 박애의 사상과 철학을 보았다.

저 시인이 바로 『은유의 힘』을 펴낸 장석주다. 필자는 좌절이 찾아올 때면 어김없이 저 시를 되뇐다. "그래, 아직 나는 태풍, 천둥, 벼락을 더 맞아야 해. 무서리와 땡볕도 더 겪어야 해. 그럼 언젠가 대추가 붉어지는 것처럼 내 꿈도 이루게 될 거야!" 하는 것이다.

●

시의 대표적인 표현기법은 비유와 상징이다. 비유의 대표는 은유다. 고로 장석주 시인이 말하는 『은유의 힘』이란 '시를 쓰는 힘' 이다. '시가 생성되는 비밀의 핵심이 은유' 라 생각하는 시인이 어떤 생각과 자세로 시를 써야 하는지를 독자에게 가르치려는 '시 창작 개론' 이다. 나아가 시인이 감동했던 세계의 시들을 곁들이며 그 시가 품고 있는 의미를 나름대로 해석해 제공하는 시론詩論이기도 하다.

●

그는 초입에서 '좋은 시인' 이 되는 길부터 안내한다.

"좋은 시인이 되려면 좋은 시집들을 구해 죽을 만큼 읽어라. 김소월, 백석, 이상, 김종삼, 박용래도 좋다. 부족언어의 족장이나 모국어의 달인으로 불리는 서정주나 섬약한 환상가인 김춘수도 좋다. (중략) 시인이 되려면 저보다 앞선 시인들의 시를 과식하고 폭식을 일삼더라도 너끈히 소화해낼 수 있는 튼튼한 위장을 가져야 한다. 시를 조금 읽고 체한다면, 애초 시인이 되겠다는 것은 꿈도 꾸지 마시라!"

이 책이 일석삼조一石三鳥인 까닭은 김춘수의 '꽃', 라이너 마리아 릴케의 '엄숙한 시간' 등 수십 편의 국내외 명시들을 새삼스럽게 감상할 수 있다는 것, 시 창작의 방법론과 자세를 배운다는 것, 그리고 '대추 한 알' 의 시인 장석주의 깊은 사유를 공유하면서 문장과 문체를 체득할 수 있다는 것 때문이다.

김승섭, 『아픔이 길이 되려면』

군대에서 뭔가를 잘못한 중대장이 대대장으로부터 군화 발길질을 당했다. 중대장은 소대장에게, 소대장은 병장에게 기합을 주었다. 다시 병장은 상병에게, 상병은 일병에게 화풀이를 했다. 일병에게 화풀이를 당한 불쌍한 이등병은 그러나 화풀이 상대가 없다. 이등병은 연병장을 어슬렁거리던 개를 걷어찼다.

가장 불쌍한 것은 '영문도 모른 채 얻어맞은 개' 라는 것이 이야기의 주제다. 우리가 사는 사회에서도 날마다 그런 일이 일어나고 있다. 영문이나 원인도 모른 채 당하는 아픔 말이다.

●

이를 비슷하게 설명하는 과학이론으로 '나비 효과 Butterfly Effect' 가 있다. 기상학자 로렌츠의 이론인데 '브라질 나비의 날갯짓이 미국 텍사스에 토네이도를 일으킬 수 있다' 는 것이다. '초기의 미세한 차이가 시간이 흐르면서 엄청난 결과의 차이로 귀결된다. 수많은 변수들 때문에 주가, 기후, 사회적 사건의 장기적 결과를 예측하기 쉽지 않다' 는 주장이다.

요즘 '나비 효과' 는 과학보다 경제학이나 인문학적 개념으로 더욱 활용되고 있다.

의과대 교수 김승섭의 『아픔이 길이 되려면』은 출간 후 지금까지도 많은 독자들과 언론, 오피니언 리더들로부터 호평을 받고 있는 책이다. 이 책이 말하는 '아픔' 은 저자가 의학자인 만큼 질병이 유발하는 육체적, 정신적 아픔이다. '길' 은 그 질병과 아픔의 원인을 제대로 찾아 치료함으로써 아픔의 근본을 제거하는 인류 공생의 길이다.

대개 질병과 아픔의 원인은 놀랍게도 개인 차원의 건강관리 책임을 넘어 '사회 구조와 인식' 에 있는 경우가 많다. 저자 김승섭은 그걸 '원인의 원인the causes of the causes' 이라 한다.

우울증이나 결핵 환자의 질병 원인은 일차적으로 정신(뇌)과 병균이지만 더 깊이 연구해보니 학교폭력, 성차별 등 그가 사회로부터 받았던 불이익이나 취약한 주거환경이었다. 그러므로 왕따나 차별을 없애려는 사회적 노력과 저소득층 복지 강화가 우울증이나 결핵을 줄이는 '길' 인 것이다. 저자는 그 원인의 원인을 철학적 추론으로 말하는 것이 아니라 구체적 '데이터Data' 로 증명한다.

●

1966년 루마니아 국가원수 차우세스코가 낙태금지법Decree 770을 시행했다. 출산율의 급격한 저하를 막으려는 것이었다. 이 법은 1989년 루마니아 혁명으로 폐기될 때까지 23년 동안 루마니아 사회 전체에 큰 영향을 미친다.

첫 4년은 출산율이 급격히 상승했다. 그러나 경제적으로 어려운 여성들이 불법으로 낙태를 하면서 1985년 출산율은 원위치 됐다. 원치 않았던 아이와 양육비 부담으로 고아원 아이들이 급증했다. 불법 낙태 과정에서 의료사고나 감염으로 모성 사망비율이 법 시행 이전보다 7배나 올라갔다. 주변의 불가리아, 체코보다 9배나 높았다. 낙태금지법이 철폐되자 모성 사망비율이 절반으로 감소했다. '모성 사망'이라는 '아픔'을 제거하는 '길'은 산모의 건강관리가 아니라 법의 폐지에 있었다.

그게 '원인의 원인'이다. 우리나라는 비교적 안전한 임신중절수술이 가능하기에 '산모 사망'을 실감하기 어렵지만 매년 '6만 8,000여 명'이 그런 아픔을 당하고 있다. 여기에는 유산을 위해 여성들이 택하는 약 40가지의 위험한 방법들에 의한 태아와 산모의 죽음도 포함된다. 그런데 이런 아픔이 주로 가난한 여성들에게 집중된다. 근본적으로 산모 사망을 줄이려면 의료복지가 선행돼야 하는 것이다.

이것이 '원인의 원인'이다. '인도에서 거리에 들끓는 쥐를 없애기 위해 쥐를 잡아오는 사람에게 마리수당 대가를 지불했더니 아예 쥐를 대량 사육해 가져오더라'는 것처럼 우리가 겪는 아픔의 근본 원인은 엉뚱한 곳에 있는 경우가 다반사다.

●

미국 시카고 서부에 있는 론데일 북부와 남부는 지리적으로

가깝고 인종, 연령, 빈곤율, 독거가정비율이 비슷하다. 그런데 폭염으로 인한 사망률은 북부가 남부보다 10배 이상 높다. 지리적, 경제적으로 비슷한 두 지역의 이런 차이는 폐허의 도시공간, 뒷골목 마약, 높은 범죄율 때문이 아니었다. '공동체의 붕괴'가 원인이었다. 불안한 치안으로 외출을 꺼렸고, 다른 주민을 믿지 못해 집 밖의 위급상황에 개입을 피했다. 높은 폭염 사망은 폭염으로 위협을 당하는 론데일 북부 사람들이 이웃에게 쉽게 도움을 요청할 수 없는 '사회 구조' 때문이었다.

이는 우리의 세월호 참사와 맥락이 닿는다. 우리 사회가 평소 서로의 생명을 존중하는 공동체 의식에 투철했다면 안전불감증이나 불법개조, 불법운항을 생각지 못했을 터, 세월호는 훨씬 안전 했을 것 아니겠는가? 한 꺼풀만 더 파고들어 보면 우리 사회에 만연한 이웃들의 '안전불감증'과 그것을 제도적으로 보강하지 못하는 국가(정부)가 근본적인 원인제공자다.

●

책은 읽는 목적은 각자 다르다. 무료한 시간을 달래려는 사람은 공상과학소설이나 연애소설을 찾는다. 공부를 하려는 사람은 그 분야 전문가가 쓴 교양지식서를 찾는다. 성찰이나 힐링의 시간을 갖고 싶은 사람은 문학이나 명상집을 찾는다. 의지가 박약한 사람은 자기계발서를 찾는다. 김승섭의 『아픔이 길이 되려면』은 우리 사회에 대한 보다 책임 있는 시민으로 거듭나기 위한 성찰을 '고급지게' 하라는 책이다.

메르스와 결핵 같은 질병부터 성소수자(동성애) 차별, 해고 노동자들의 고충, 대기업 공장 근로자의 직업병, 세월호 참사, 외국인(인종) 차별, 여성차별(직장의 유리천장, 가사노동, 육체적 폭력) 등 많은 아픔의 '원인의 원인'을 제대로 알아야 한다.

원인과 원인이 그물처럼 엮인 원인의 그물망web of caution을 친 주인공은 '거미' 다. 내가 혹시 그 거미는 아니었을까? 반성과 성찰이 『아픔이 길이 되려면』에 있다.

히가시노 게이고, 『나미야 잡화점의 기적』

'사람이 책을 만들고, 책은 사람을 만든다' 고, 책을 읽는 사람은 그 책으로 인해 그의 미래가 달라지는 것이 분명하지만, 입 안의 사탕처럼 당장 그 단맛을 알 수 없다는 것 때문에 더욱 안 읽힌다. 때문에 미래가 달라질 확률이 낮아진다. 독서에 대한 이런 악순환의 고리를 끊을 묘수는 없을까? 좀 가볍게 책에 접근해 책에 재미를 붙여나가는 것도 그 중 한 수가 아닐까 싶다.

●
히가시노 게이고는 일본의 대표적인 장르 소설가다. 대개 추리나 판타지 소설을 장르 소설이라고 한다. 이 소설 역시 주인공들이 타임머신인 나미야 잡화점에서 과거의 사람들과 편지를 주고 받는다는 설정부터가 공상이다. 그런데 그 설정이 역시나 추리소설의 대가답게 매우 치밀할 뿐만 아니라 긴박하게 읽히는 속도가 빠르고 무게는 가볍다.

●

도쿄에서 기차로 2시간 정도 걸리는 외곽의 소도시. 이곳에 사는 아쓰야, 쇼타, 고헤이는 불량한 청년들이다. 불우한 가정환경에서 자란 이들은 좀도둑질을 작당하고는 돈 많은 여자 사업가 무토 하루미의 별장에 잠입한다. 물론 그럴만한 다른 이유가 소설에는 있다.

그런데 갑자기 별장에 들른 그녀와 맞닥뜨린다. 그녀를 포박시키고 돈과 차를 훔쳐 달아나던 이들은 차가 고장나는 바람에 경찰의 추적을 피해 미리 점찍어 뒀던 폐가에 몸을 숨긴다. 그 폐가는 이미 오래 전에 주인이었던 노인 나미야 유지 씨가 숨을 거두면서 문을 닫았던 나미야 잡화점.

아내를 잃고 상심에 빠졌던 유지 씨는 어느 날 잡화점 벽에다 고민을 상담 받는 일을 시작한다. 처음엔 거의 장난 수준이다. 고객들도 주로 어린 학생들이라 벽에 붙은 쪽지의 고민들은 기껏해야 '공부하지 않고도 시험에서 100점을 맞고 싶어요. 어떻게 하면 될까요,' '산타클로스가 왔으면 좋겠는데 굴뚝이 없어요', '지구가 원숭이의 혹성이 되었을 때 누구에게 원숭이 말을 배워야 하나요?' 처럼 황당한 것들이 대부분이었다.

●

유지 씨는 그런 고민들을 무시하지 않고 진지하게 답장을 써서 내붙였다. 그러던 것이 시간이 흐르면서 진지해졌다. 진짜 고민을 상담하는 경우가 늘어났다. 프라이버시가 존중돼야 할 상담은 담벼락 대신 잡화점 앞쪽의 우체통과 뒤쪽의 우유상자가 활용됐다.

유지 씨의 활력도 눈에 띄게 넘쳐났다. 그러다 유지 씨가 숨을 거두면서 고민 상담도 자연스레 중단됐던 것. 참고로 '나미야'와 비슷한 'ㅣㅏㅑㅁㅣ'는 일어로 '고민'이란 단어다. 이 또한 작가의 교묘한 설정이었다.

바로 이 잡화점에 잠입한 좀도둑들이 우체통의 상담편지를 읽게 되면서 본의 아니게 유지 씨 대신 상담을 하게 된다. 그런데 문제는 그 편지들이 모두 과거로부터 오는 편지라는 것. 인터넷 검색으로 편지를 보내오는 사람이 누군지를 대충 알게 되는 주인공들은 상담자의 미래를 이미 알고 있는 상태에서 상담에 응하게 된다. 여차하면 그들이 쓰는 답장이 상담자의 미래를 뒤바꿀 수도 있는 상황이 소설이 갖는 긴장과 교훈, 재미의 핵심이다.

● 사람이 장난으로 던진 돌에 개구리는 맞아 죽는다고 했다. 누군가가 농담으로 던진 한마디가 듣는 사람에게는 독화살이 될 수도, 희망을 불어넣은 보약이 될 수도 있다.

고로 말을 가려서 잘 하는 것이 중요하지만 그보다 더 가치 있는 일이 바로 '경청', 남의 말을 잘 들어주는 것이다. 경청을 잘 하는 사람을 천사라 한다면 이 세 명의 루저들은 경청과 애정 어린 상담의 과정에서 자신들도 모르게 천사로 거듭나버린다.

그것이 기적이다. 물론 나미야 잡화점에 상담을 해오는 사람들도 답장을 통해 용기를 얻어 끝내 자신의 꿈을 이루는 기적의 주인공들이다.

● 작가는 그런 기적들을 통해 '누구나 희망을 잃지 않고 끝까지 노력하면 자신의 꿈을 이룰 수 있다'는 격려를, '사람은 누구나 기본은 선의에서 출발한다'는 따뜻한 인간애를, '남의 말을 잘 들어주는 것이 상대방은 물론 자신에게까지 매우 소중한 선물'이라는 감동을 독자들에게 주고 싶었던 것이다.

베르나르 베르베르, 『상상력 사전』

　육체와 정신은 노는 물이 같다. 건강한 육신은 치열한 '고뇌' 사이사이 '휴식'을 요구한다. 한 번에 다 읽기보다 옆에 두고서 지쳐 휴식이 필요하거나, 반대로 할 일이 없어 무료할 때 아무 페이지나 펼쳐서 읽으면 딱 좋을 책이 바로 베르나르 베르베르의 『상상력 사전』이다.

●

　프랑스 작가 베르나르 베르베르는 브라질의 파울로 코엘료, 일본의 무라카미 하루키, 히가시노 게이고처럼 국내에 고정 팬이 많은 프랑스 소설가다. 베르베르는 특히 이공계 출신이라서 과학적 상상력이 뛰어난데 『개미』, 『뇌』 같은 소설이 자연과학에 해박한 그의 특기가 유감없이 발휘된 대표작들이다.

　그런데 이 책 『상상력 사전』은 소설이 아니다. 말 그대로 그의 온갖 잡식을 집대성한 잡학사전이다. 그가 문학의 여정을 걷는 과정에서 알게 되었거나, 실생활에서 과학도다운 예리한 통찰로 알게 되었을 수백 가지 사실(Fact)들이 수록됐다. 거기다 근거와 논리가 충분한 합리적 상상들이 추가됐다. '제목 하나에 콤팩트한 이야기 하나' 식으로 간명하게 정리했기에 읽기도 참 편하다.

● 버터 바른 빵이 땅바닥으로 떨어질 때 하필이면 버터를 바른 면이 땅바닥에 닿는 것은 '일어날 일은 일어난다'는 머피의 법칙이 아닌 과학적 이유가 있다. 식탁의 높이 때문에 식빵은 미처 한 바퀴를 다 돌지 못하고 떨어지기 때문이다.

옷의 개념이 없었던 먼 인류의 초기 조상 때 수컷들이 나뭇잎 등으로 성기부터 가려야 했던 진짜 이유는 부끄러움 때문이 아니었다. 그건 권력자에 대한 두려움 때문이었다. '초콜릿 케이크를 맛있게 만드는 법, 만약 우주에 우리밖에 없다면 무슨 일이 일어날지, 인류의 자존심을 여지없이 긁어버린 세 가지 사건' 등이 궁금하다면 이 책을 읽어볼 것을 권한다.

● 다음은 '고양이와 개' 이야기다.
개는 이렇게 생각한다.
"인간은 나를 먹여줘. 그러니까 그는 나의 신이야"
고양이는 이렇게 생각한다.
"인간은 나를 먹여줘. 그러니까 나는 그의 신이야"

참으로 간명하게 고양이와 개의 특성을 정리했다. 개는 주인을 알아보고 주인에게 충성을 다하지만 고양이는 자기에게 밥을 바치는 '집사'만 알아볼 뿐이라고 한다. 개나 고양이를 반려하는 사람들도 개는 주인을 따르지만 고양이는 주인을 지배한다고 한다.

●

학교든 직장이든 사업이든 '창의력을 갖춘 인재' 가 시대정신이자 화두 아니던가! 그 창의력의 계발을 위해서라도 이 책은 두고두고 펼쳐볼 가치가 있다. 문화, 역사, 생활, 지리, 철학, 인류, 우주 등 온갖 분야에 걸쳐 이 천재적인 작가가 톺아낸 통찰력과 유머감각, 위트가 발군이다.

'비워야 비로소 채울 수 있' 기에 이 책을 권한다. 우주까지 종횡무진 넘나드는 '상상 같은 사실, 사실 같은 상상' 383개에 시간 가는 줄 모르게 될 것이다.

맺음말

독한 시간은 당신의 몫

　기호학자, 철학자, 언어학자, 문학가 등을 종합해 그냥 '유럽 최고의 지성'으로 불렸던, 지난 2016년 84세를 일기로 세상을 떠났던 움베르토 에코는 『푸코의 추』, 『장미의 이름』, 『젊은 소설가의 고백』 등으로 우리에게도 익숙한 석학 중 석학이었다. 그가 프랑스의 지성 장클로드 카리에르와 '(종이) 책'을 주제로 나눈 지적 대화를 정리한 책이 『책의 우주』다.
　두 사람의 대화의 요지는 '필름, 마그네틱 테이프, 플로피 디스켓 등 선풍적이었던 기록 수단들이 기술발전으로 사멸, 엄청난 용량의 컴퓨터 하드디스크와 외장하드로 대체되고 있지만 이 또한 전원이 빠지면 무용지물이다. 컴퓨터의 득세에도 결국 종이 책은 사라지지 않을 것이다. 책은 바퀴나 수저 같은 완전 발명품'이라는 '썰'이다.
　지독한 애서가이자 장서가인 둘은 대화 중에 자신들이 소장하고 있는 책 중 '인큐네불러 Incunabula'를 자랑한다. 인큐네불러는 독일의 쿠텐베르크가 유럽 최초로 금속활자로 찍어 낸 『성서 42행』 이후 1500년 12월 31일 밤까지 인쇄된 책들을 말한다. 유럽의 애서가들은 현존하는 인큐네뷸러를 소장하는 것을 소원하는데 에코 자신도 30여 권을 가지고 있다고 자랑한다.

'책 보기'가 트레이드마크인 필자에게 누군가가 인큐네뷸러에 해당될 책을 묻는다면 뭐라고 답해야 할지 몹시 궁색해졌다. 사실 고서 수집이 취미도 아니고, 또 그럴 만큼 경제적으로 여유가 있지도 않은 필자가 소장 중인 책들은 대부분 1982년 대학생이 된 이후 샀던 것들이다. 100년은 고사하고 기껏 해야 40년에 불과한 것이다. 그래도 혹시나 싶어 서가를 유심히 둘러 보았다.

1970년대 후반과 1980년대 초반에 출판된 두 권의 에세이집이 눈에 쏙 들어왔다. 숭실대학교에서 철학을 가르치셨던 고(故) 안병욱 교수의 『마지막 등불이 꺼지기 전에』와 연세대에서 철학을 가르치셨던 김형석 교수의 『하늘의 별처럼 들의 꽃처럼』이었다.

아! 감수성 예민했던 청소년기 객지의 자취생이 대학 입시의 부담감으로 좌절을 겪을 때마다 읽고 또 읽으며 힘과 용기를 얻었던 책 두 권이 그때 그 모습대로 서가에 꽂혀 있는 것 아니겠는가! 그 두 권을 '나의 인큐네뷸러'로 치기로 했다.

그리고 한참 동안 두 분 저자를 잊었다. 그런데 습하고 더웠던 2016년 여름 한줄기 시원한 바람처럼 뉴스가 떴다. 당시 96세의 김형석 교수께서 『백 년을 살아보니』란 에세이집을 출판했다는 것이다.

여러 이유로 정말 놀랐다. 청소년기 우상이었던 김형석 교수가 아직 살아 계신다는 것, 96세에 이르러 책을 내셨다는 것, 실제로 인생 100년의 지점에 도달해서야 깨우치게 된 '삶의 엑기스 같은 지혜'가 들어있을 것 같다는 기대감 등이었다. 정말이지 심장이 쿵쾅거리는 것을 느끼며 책을 주문했다.

'행복, 결혼과 가정, 우정과 종교, 돈과 성공/명예, 노년의 삶'으로 이어지는 100세 철학자의 경험과 깨달음은 과연 기대를 저버리지 않았다.

필자는 아직 육십에 이르지 못했다. 누군가가 인생의 황금기가 언제였는지 물으면 늘 20대 때라고 대답했다. 대부분 그렇게 답을 할 것이고, 그 이유 또한 뻔하다.

그런데 100년을 살아본 사람은 인생의 황금기가 언제라고 생각할까? 놀랍게도 60세에서 75세까지가 황금기란다. '정신적 성장과 인간적 성숙을 위한 노력(꾸준한 독서도 포함돼 있다)을 계속할 경우 그렇다'며 조곤조곤 속삭이는 '어르신'의 가르침에 끝내 유쾌한 웃음이 터졌다.

책을 읽다 말고 방에서 일어나 펄쩍펄쩍 뛰며 돌았다. 진짜 그랬다. '내게는 아직 인생의 황금기가 시작되지도 않았구나,

앞으로도 7년이나 더 황금기를 준비할 시간이 남아 있구나, 그렇다면 내가 뭘 두려워할 것이며, 뭘 못해낼 것이냐 는 희열이 필자를 벌떡 일으켜 세웠던 것이다.

96세의 저자는 얼마나 더 오래 살고 싶다고 했을까? 답은 숫자가 아니었다. '자신이 행복하게, 이웃에 작은 도움이라도 줄 수 있을 때까지' 살고 싶다고 했다. '백 년을 살아보니' 인생이란 것이 그리도 소박한 것이었다는 것이 철학자 어르신의 '엑기스' 였던 것! 50대 중반에 다가서도록 '가족과 나' 에 얽매여 허덕이던 필자에게 어르신께서는 또 하나 큰 가르침을 주셨다. 그때부터 필자의 생각은 여유를 찾았고, 삶은 느긋해졌다.

"제가 사랑이 있는 고생이 행복이었다는 걸 깨닫는데 90년 넘는 세월이 걸렸습니다. 그렇게 많은 사랑을 받아오면서도 그 사실을 외면하고 살았습니다. 다시 한 번 교단에 설 수 있다면 정성껏 제자들을 위하고 사랑해주고 싶습니다."

노 철학자께서 실제로 '백 년을 살아보니' 인생은 '사랑' 말고는 아무 것도 아니었던 것인데, 나는 그 어마무시한 삶의 진리를 책에서 터득했던 것이다. 고로, 책은 '얼어붙은 내 머리 속을 후려치는 도끼' 가 맞다!

독한 시간

초판 1쇄 인쇄	2019년 01월 15일
1쇄 발행	2019년 01월 22일

지은이	최보기
발행인	이용길
발행처	모아북스 MOABOOKS

관리	양성인
디자인	이룸

출판등록번호	제 10-1857호
등록일자	1999. 11. 15
등록된 곳	경기도 고양시 일산동구 호수로(백석동) 358-25 동문타워 2차 519호
대표 전화	0505-627-9784
팩스	031-902-5236
홈페이지	www.moabooks.com
이메일	moabooks@hanmail.net
ISBN	979-11-5849-093-5 03190

· 좋은 책은 좋은 독자가 만듭니다.
· 본 도서의 구성, 표현안을 오디오 및 영상물로 제작, 배포할 수 없습니다.
· 독자 여러분의 의견에 항상 귀를 기울이고 있습니다.
· 저자와의 협의 하에 인지를 붙이지 않습니다.
· 잘못 만들어진 책은 구입하신 서점이나 본사로 연락하시면 교환해 드립니다.

이 도서의 국립중앙도서관 출판예정도서목록(CIP)은 서지정보유통지원시스템 홈페이지(http://seoji.nl.go.kr)와 국가자료공동목록시스템(http://www.nl.go.kr/kolisnet)에서이용하실 수 있습니다. (CIP제어번호 : 2019000580)

모아북스 는 독자 여러분의 다양한 원고를 기다리고 있습니다.
(보내실 곳 : moabooks@hanmail.net)